O MÁRTIR DAS
CATACUMBAS

Um conto da Roma antiga

Publicações
Pão Diário

O MÁRTIR DAS CATACUMBAS

Um conto da Roma antiga

Edição revista e atualizada

O Mártir das Catacumbas
Edição revisada e atualizada
Copyright © 2009 Publicações Pão Diário

Revisão: Rita Rosário, Juliana Matias, Lozane Winter, Dayse Fontoura
Projeto gráfico e capa: Audrey Novac Ribeiro
Diagramação: Rebeka Werner
Imagens da capa: © Shutterstock

Dados catalogação

Autor desconhecido

O mártir das catacumbas – Um conto da Roma antiga; Curitiba/PR, Publicações
Pão Diário

Título Original: *Martyr of the Catacombs: A Tale of Ancient Rome*

1.Novela histórica 2. Religião Cristianismo

Proibida a reprodução total ou parcial, sem prévia autorização, por escrito, da
editora. Todos os direitos reservados e protegidos pela Lei 9.610, de 19/02/1998.

Exceto quando indicado no texto, os trechos bíblicos citados são da Edição Revista
e Atualizada de João Ferreira de Almeida © 2009 Sociedade Bíblica do Brasil.

Publicações Pão Diário
Caixa Postal 4190, 82501-970 Curitiba/PR, Brasil
publicacoes@paodiario.org
www.publicacoespaodiario.com.br
Telefone: (41) 3257-4028

Código: NC862
ISBN: 978-1-68043-420-0

3.ª edição: 2018

Impresso na China

SUMÁRIO

Prefácio

CAPÍTULO 1
 O Coliseu ..9

CAPÍTULO 2
 O acampamento pretoriano25

CAPÍTULO 3
 A via Ápia ...35

CAPÍTULO 4
 As catacumbas45

CAPÍTULO 5
 O segredo dos cristãos.............................57

CAPÍTULO 6
 A grande nuvem de testemunhas............................69

CAPÍTULO 7
 A confissão de fé87

CAPÍTULO 8
 A vida nas catacumbas99

CAPÍTULO 9

A perseguição.. 115

CAPÍTULO 10

A captura.. 127

CAPÍTULO 11

A oferenda.. 137

CAPÍTULO 12

O julgamento de Pollio..................................... 147

CAPÍTULO 13

A morte de Pollio.. 157

CAPÍTULO 14

A tentação... 167

CAPÍTULO 15

Lucullus.. 177

PREFÁCIO

Há muitos anos foi publicada uma história anônima intitulada *O mártir das Catacumbas - Um conto da Roma antiga*. Um exemplar foi providencialmente resgatado de um barco à vela americano e ficou em poder do filho do capitão Richard Roberts, então seu comandante – o barco teve de ser abandonado em alto-mar por causa do desastroso furacão de janeiro de 1876.

Esta obra foi cuidadosamente reimpressa com o mesmo título, e nós a apresentamos, mantendo a mais absoluta fidelidade à versão original. Publicamos esta edição, movidos pela esperança de que o Senhor a usará para mostrar aos fiéis que refletem, aos cristãos e a seus filhos, assim como àqueles que alimentam menor zelo espiritual nestes dias de incertezas, este quadro que retrata com vivacidade, como sofreram os santos dos primeiros tempos pela sua fé em nosso Senhor Jesus Cristo, sob uma das perseguições mais cruéis da Roma pagã e, que num futuro não muito distante, cremos poder se repetir com a mesma intensidade.

Esperamos que esse texto desperte nossa consciência para o fato de que, se o Senhor demorar em Sua vinda, temos de assumir nosso papel de sofrer por Aquele que voluntariamente tanto sofreu por nós.

Essa urgência se torna ainda mais justificada quando se vê que a Bíblia já não ocupa o legítimo lugar que lhe corresponde na maioria de nossas escolas e universidades. No geral, a oração familiar é um hábito perdido. Nosso Senhor Jesus Cristo, o unigênito e bem-amado Filho do Deus vivente, é tão desacreditado quanto desonrado, precisamente, na casa daqueles que professam ser Seus amigos. O testemunho no Corpo praticamente desapareceu da terra. Não se obedece ao chamado a Laodiceia para o arrependimento. E é assim que a promessa do nosso Senhor de termos comunhão com Ele, agora é individual.

E ainda nestes dias pode alcançar-nos a promessa, a Esmirna: "Sê fiel até a morte, e dar-te-ei a coroa da vida".

O sangue dos mártires da Rússia e Alemanha clama da terra, como admoestação para os cristãos de todos os países.

Mas ainda podemos arrancar de nossas almas o inquietante clamor: "Vem, Senhor Jesus; vem sem demora".

Hartsdale, N. Y.
Richard L. Roberts

1

O COLISEU

*A cruel carnificina
para diversão dos romanos*

Era um dos grandes dias de festa em Roma. De todos os extremos do país, um vasto número de pessoas convergiam para o destino comum. Percorriam o Monte Capitolino, o Fórum, o Templo da Paz, o Arco de Tito e o Palácio Imperial em seu desfile interminável até chegar ao Coliseu, no qual adentravam pelas centenas de portas, desaparecendo no seu interior.

Ali se encontravam frente a um cenário que chamava a atenção: na parte inferior, a interminável arena se estendia,

rodeada por incontáveis fileiras de assentos, que se elevavam até o topo da parede exterior, com, aproximadamente 40 metros de altura. Aquela enorme extensão estava totalmente coberta por pessoas de todas as idades e classes sociais. Uma reunião tão densa, concentrada de tal forma que podiam ser visualizadas longas fileiras de rostos ferozes, que se estendiam sucessivamente, constituindo um formidável espetáculo, que em nenhuma parte do mundo pôde ser igualado e planejado, sobretudo, para aterrorizar e infundir submissão na alma do espectador. Mais de 100 mil pessoas haviam-se reunido ali, animadas por um sentimento comum e incitadas por uma única paixão, pois o que as havia atraído àquele lugar era uma ardente sede do sangue de seus semelhantes. Jamais se achará um comentário mais triste desta alardeada civilização da Roma antiga, que esse macabro espetáculo que ela mesmo criara.

Ali estavam presentes guerreiros que haviam combatido em distantes campos de batalha e conheciam muito bem o que eram atos de coragem. Porém, não sentiam a menor indignação diante das cenas de covarde opressão que se desenrolavam diante de seus olhos; nobres das famílias tradicionais estavam ali presentes, mas não existiam olhos para ver, nestas exibições cruéis, o estigma sobre a honra de seus conterrâneos. Por sua vez, os filósofos, os poetas, os sacerdotes, os governadores, as figuras mais importantes, assim como os humildes da terra, ocupavam os bancos; mas os aplausos dos patrícios eram tão sonoros e ávidos como os dos plebeus. Que esperança havia para Roma, quando os corações de seus

filhos estavam totalmente entregues à crueldade e à opressão mais brutal que se possa imaginar?

O trono elevado sobre um lugar proeminente do enorme anfiteatro estava ocupado pelo Imperador Décio, a quem rodeavam as principais autoridades romanas. Entre estes, podia-se contar um grupo de oficiais pertencentes à guarda pretoriana, que criticava os diferentes atos da cena exibida em sua presença, com ar de especialistas. Suas gargalhadas estridentes, seu alvoroço e sua esplêndida vestimenta os fazia objeto de especial atenção por parte de seus vizinhos.

Já haviam se apresentado inúmeros espetáculos preliminares; por fim, chegara o momento de começarem os combates. Apresentaram-se várias lutas corporais, cuja maioria teve resultados fatais, despertando diferentes graus de interesse, segundo a coragem e habilidade demonstrados pelos combatentes. Tudo isso buscava aguçar o apetite dos espectadores, aumentando sua veemência, enchendo-os do mais ávido desejo pelos acontecimentos ainda mais emocionantes, que se seguiriam.

Um homem em particular havia despertado a admiração e o frenético aplauso da multidão. Tratava-se de um africano de Mauritânia, de força e estatura gigantesca. Sua habilidade igualava-se à sua força. Sabia brandir sua curta espada com destreza maravilhosa, e cada um dos rivais que tivera já estavam mortos.

Chegou o momento em que deveria se confrontar com um gladiador de Batávia, homem ao qual se igualava somente em força e em estatura, mas os separava um contraste

extremamente visível. O africano era tostado, de cabelo resplandecente e cacheado e olhos cintilantes; o bataviano, era de pele clara, cabelo loiro e olhos vivíssimos e cinzentos. Difícil dizer qual deles levava vantagem, tão acertado havia sido o cotejo em todos os sentidos. Contudo, como o primeiro já lutava há algum tempo, considerava-se que tivesse isso como uma desvantagem. Como disse, chegou, pois, o momento em que se travou o confronto com grande veemência e habilidade de ambas as partes. O bataviano dirigiu tremendos golpes a seu rival, que foram detidos graças à viva destreza daquele. O africano era ágil e estava furioso, mas nada podia contra a fria e sagaz defesa de seu atento adversário.

Finalmente, a um sinal dado, o combate foi suspenso e os gladiadores retirados. Mas isso estava longe de acontecer por causa da admiração ou comiseração dos espectadores. Antes, tratava-se simplesmente de um sutil entendimento de que era o melhor modo de agradar o público romano naquela circunstância.

Todos entendiam, naturalmente, que os gladiadores voltariam.

Chegou então o momento em que um grande número de homens foi conduzido à arena, armados com espadas curtas. Passado um instante, recomeçaram o ataque. Não era um conflito entre dois grupos, mas uma contenda generalizada, na qual cada um atacava seu vizinho. Por serem as cenas mais sangrentas, eram as que mais emocionavam os espectadores. Um conflito desse tipo destruiria o maior número de pessoas, no menor espaço de tempo. A arena apresentava o cenário

da confusão mais horrível. Quinhentos homens, na flor da vida e força, armados de espadas, lutavam em cega confusão uns contra os outros, sem razão aparente. Algumas vezes, trançavam-se numa massa densa e enorme; outras, separavam-se violentamente, ocupando todo o espaço disponível, rodeando uma pilha de mortos no centro do campo. Porém, atacavam-se novamente com indescritível e sedenta fúria; combates separados eram travados em toda a volta do macabro cenário. O vitorioso em cada um destes corria ávido para tomar parte nas lutas adjacentes, até que os últimos sobreviventes se encontravam novamente, empenhados num cego combate massivo.

No final, as lutas agonizantes pela vida ou a morte se tornavam cada vez mais fracas. Dos 500 que começaram, restavam somente uns 100, cada qual extenuado e ferido. Repentinamente, deu-se um sinal e dois homens, de extremos opostos, entraram na arena e se lançaram sobre esta miserável multidão. Eram o africano e o de Batávia. Refeitos depois do repouso, caiam sobre os infelizes sobreviventes, que já não tinham nem o ânimo necessário para se combinarem, nem a força para resistirem. Tudo se reduzia a uma carnificina. Estes dois gigantes matavam, à direita e à esquerda, sem misericórdia, até que somente eles ficassem em pé no campo da morte para ouvir o aplauso da multidão como estrondos em seus ouvidos.

Estes dois, atacavam-se um ao outro, atraindo a atenção dos espectadores, enquanto eram retirados os despojos miseráveis dos mortos e feridos. O combate voltava a ser tão cruel como o anterior e de invariável semelhança. À agilidade

do africano se opunha a precaução do bataviano. Porém, finalmente, aquele lançou uma desesperada investida final; o de Batávia o parou e com a velocidade do relâmpago devolveu o golpe. O africano retrocedeu agilmente e soltou sua espada. Era tarde demais, porque o impacto de seu inimigo havia-lhe traspassado o braço esquerdo. E conforme caiu, um alarido estrondoso de selvagem regozijo surgiu dos milhares de assim chamados *seres humanos*. Mas isto não devia ser considerado o fim, porque enquanto o conquistador ainda estava sobre sua vítima, o pessoal de serviço entrou rapidamente na arena e o tirou. Contudo, tanto os romanos como o ferido sabiam que não se tratava de um ato de misericórdia, mas de reservá-lo para o fatídico fim que lhe esperava.

—O bataviano é um hábil lutador, Marcellus — comentou um jovem oficial com seu companheiro da concorrência da qual já se falou.

—Realmente o é, meu querido Lucullus — replicou o outro. — Não creio ter visto jamais um gladiador melhor que este. Na verdade, os dois que se enfrentaram eram muito melhores do que a média.

—Lá dentro tem um homem que é muito melhor que esses dois.

—Ah! Quem é ele?

—O grande gladiador Macer. Acho que ele é o melhor que já vi.

—Tenho ouvido alguma coisa a seu respeito. Achas que o colocarão nesta tarde?

—Acredito que sim.

Esse breve diálogo foi bruscamente interrompido por um tremendo rugido que atravessou os ares, procedente do viveiro, ou seja, do lugar onde se mantinham trancadas as feras selvagens. Foi um daqueles bramidos ferozes e terríveis que costumavam lançar as mais selvagens das feras, quando haviam chegado ao extremo da fome e fúria.

Não demoraram para abrir as grades de ferro, manejadas por homens instalados na parte superior, aparecendo o primeiro tigre à espreita na arena. Era uma fera da Ásia, de onde havia sido trazida não muitos dias antes. Durante três dias, não havia provado alimento algum, e assim sua raiva furiosa, sua fome, juntamente com o prolongado confinamento, haviam aguçado seu furor a tal extremo que o simples ato de olhá-lo era suficiente para causar pânico. Açoitando-se com sua cauda, percorria a arena olhando para cima, com olhos sanguinários, em direção aos espectadores. Porém, a atenção destes não demorou em desviar-se para um objeto distinto. No outro extremo de onde estava a fera, foi atirado na arena nada menos que um homem. Não levava armadura nenhuma, além do que, estava nu como todos os gladiadores, com a única exceção de uma tanga. Portando em sua mão direita a costumeira espada curta, avançou com dignidade e passo firme para o centro do cenário.

Imediatamente, todos os olhares convergiram sobre este homem. Os inumeráveis espectadores clamaram freneticamente:

—Macer! Macer!

O tigre não demorou em vê-lo, lançando um breve, mas selvagem rugido que infundia terror. Macer, com serenidade,

permaneceu em pé com seu olhar tranquilo, mas fixo sobre a besta que mexia a cauda furiosamente, dirigindo-se a ele. Finalmente o tigre se encolheu, e desta posição, com o impulso característico se lançou ferozmente sobre sua presa. Mas Macer estava preparado. Como um relâmpago, voou para a esquerda, e mal o tigre havia caído em terra, aplicou-lhe uma estocada curta, mas cortante, e certeira no coração. Foi o golpe fatal para a fera! A enorme besta estremeceu da cabeça aos pés e, encolhendo-se para tirar toda a força de suas entranhas, soltou seu último bramido, que se ouviu quase como o clamor de um ser humano, depois do qual caiu morta na arena.

Novamente o aplauso da multidão se ouviu como o estrépito do trovão em todo lugar.

—Maravilhoso! — gritou Marcellus. — Jamais vi uma habilidade como a de Macer!

Seu amigo lhe respondeu, retomando a conversa:

—Sem dúvida ele vem lutando sua vida inteira!

Tão logo a carcaça do animal morto foi arrastada para fora da arena, ao mesmo tempo em que se ouvia o ranger das grades se abrindo novamente e atraindo a atenção de todos, desta vez chegava um leão. O animal se deslocou lentamente em direção oposta, olhando surpreso aquele cenário em seu redor. Ali estava o maior exemplar de sua espécie. Era um gigante em tamanho preservado por longo tempo até lhe encontrar um adversário à altura. À simples vista, parecia capaz de enfrentar vitoriosamente dois tigres, como aquele que lhe precedera. A seu lado Macer não era senão uma débil criança.

O jejum desta fera havia sido prolongado, mas ela não mostrava a fúria do tigre. Atravessou a arena de um a outro extremo, e depois a percorreu em toda a sua volta, numa espécie de trote, como se procurasse uma saída. Porém, achando tudo fechado, finalmente retrocedeu até o centro, e deitando o rosto no chão deixou ouvir um profundo bramido, tão alto e prolongado que as enormes pedras do Coliseu vibraram com o som.

Macer permaneceu imóvel. Nenhum músculo de seu rosto mudou. Mantinha a cabeça erguida, com a expressão vigilante e característica, aferrando sua espada em guarda. Finalmente o leão se lançou sobre ele. A besta selvagem e o homem se mantiveram frente a frente olhando-se nos olhos um do outro. Mas o olhar sereno do homem pareceu provocar a ira própria do animal. Erigiu seu corpo e cauda e retrocedeu. Com a juba para trás, agachou-se até o chão preparando-se para pular.

A enorme multidão se deteve, levantou-se fascinada. Eis aí uma cena digna de seu interesse.

A massa escura do leão se lançou na frente, e outra vez o gladiador em sua habitual manobra pulou de lado e lançou sua estocada. Contudo, desta vez a espada feriu apenas uma das costelas da fera, e caiu de suas mãos. O leão foi ferido ligeiramente, mas o golpe só fez elevar sua fúria até o grau máximo.

Macer, porém, não perdeu nem um detalhe de sua característica calma e frieza neste momento tremendo. Perfeitamente desarmado, a espera do ataque, plantou-se diante da fera. Uma e outra vez, o leão lançou ferozes ataques e

cada um deles foi anulado pelo ágil gladiador, que com seus hábeis movimentos se aproximava engenhosamente do lugar onde estava sua arma, até conseguir tomá-la outra vez. E então, outra vez armado de sua espada protetora, esperava o arranhão final da fera. O leão se atirou como fez anteriormente, mas desta vez Macer acertou no alvo. A espada lhe traspassou o coração e a enorme besta caiu contorcendo-se de dor. Pondo-se em pé, começou a correr na arena, e após um último rugido agonizante caiu morta junto às grades por onde havia entrado.

Agora Macer foi conduzido para fora da praça, e o bataviano reapareceu. Os romanos exigiam variedade. A este novo lutador lhe soltaram um tigre pequeno, o qual foi vencido. Em seguida, foi solto um leão. Este deu mostras de extrema ferocidade, embora seu tamanho fosse comum. Era evidente que o bataviano não se igualava a Macer. O leão se lançou sobre sua vítima, que ficou ferida. Porém, ao lançar-se pela segunda vez ao ataque, aferrou seu adversário e literalmente o despedaçou. Então novamente foi atirado Macer, para quem foi tarefa fácil acabar com o filhote.

E desta vez, enquanto Macer permanecia em pé recebendo os intermináveis aplausos, apareceu um homem no lado oposto. Era o africano. Seu braço nem sequer havia sido atado, e pendia de seu lado, completamente coberto de sangue. Ele se encaminhou hesitante para Macer, com penosos passos de agonia. Os romanos sabiam que este havia sido enviado simplesmente para que fosse morto. E o desventurado também o sabia, porque enquanto se aproximou de seu

adversário, jogou fora sua espada e exclamou numa atitude carregada de desespero:

—Mata-me rápido! Libera-me da dor!

Todos os espectadores, um a um, ficaram mudos de assombro ao ver Macer retroceder e deixar cair sua espada no chão. Todos seguiam contemplando maravilhados ao extremo, silenciosos. E seu assombro foi maior quando Macer voltou--se para o Imperador, e levantando as mãos bem alto.

—Augusto Imperador, ele gritou, eu sou cristão! Lutarei com feras selvagens, porém jamais levantarei minha mão contra meus semelhantes. Posso morrer, porém, não matarei!

Depois disso, levantou-se um crescente murmúrio.

—O que ele diz? Gritou Marcellus. Um cristão? Quando foi que aconteceu?

Lucullus respondeu:

—Soube que o haviam visitado no calabouço os malditos cristãos, e que ele teria se unido a essa desprezível seita, na qual estão reunidas todas as fezes da humanidade. É muito provável que ele seja um cristão.

—E preferirá morrer a lutar?

Assim costumam proceder aqueles fanáticos.

A ira substituiu a surpresa naquela furiosa turba. Causava--lhes indignação que um mero gladiador se atrevesse a decepcioná-los. Os lacaios se apressaram a intervir para que a luta continuasse. Se realmente Macer insistia em negar-se a lutar, deveria sofrer todo o peso das consequências.

Todavia, a firmeza do cristão era impassível. Absolutamente desarmado avançou até o africano, a quem poderia

ter matado simplesmente com um soco. O rosto do africano havia-se tornado, nesses breves instantes, como o de um maluco endemoninhado. Em seus sinistros olhos reluzia uma mistura de surpresa, alegria e triunfo. Agarrando sua espada e aferrando-a firmemente, afundou-a no coração de Macer.

—Senhor Jesus, recebe meu espírito! — saíram essas palavras entre a torrente de sangue em meio ao qual esta humilde, porém ousada testemunha de Cristo, deixou a Terra, unindo--se ao nobre exército de mártires.

—Costuma haver muitas cenas como esta? — perguntou Marcellus.

—Às vezes é assim. Cada vez que se apresentam cristãos. Eles enfrentam qualquer número de feras. As jovens caminham firmemente ao encontro de leões e tigres, porém nenhum desses loucos quer levantar sua mão contra homens. Este Macer desiludiu amargamente nosso povo. Era o melhor de todos os gladiadores. Porém, ao tornar-se cristão, tem agido como tolo.

Marcellus respondeu:

—Deve ser uma religião fascinante aquela que leva um simples gladiador a proceder da forma que vimos!

—Tu terás uma oportunidade para descobrir mais sobre isto.

—Como assim?

—Não ouviste? Estás designado para desenterrar alguns desses cristãos. Eles desceram às Catacumbas e é necessário persegui-los.

—Qualquer um pensaria que já foi o suficiente. Somente esta manhã queimaram 50 deles.

—E a semana passada degolaram 100. Mas isso não é nada. A cidade inteira está fervilhando com eles. Mas o Imperador Décio [N.E.: Imperador romando entre 249 e 251 d.C.] determinou a restauração da antiga religião. Desde que esses cristãos apareceram, o império tem decaído. Em vista disso, ele se propôs aniquilá-los por completo. Eles são uma maldição, e como tal devem ser tratados. Logo o compreenderás.

Marcellus respondeu com modéstia:

—Não tenho permanecido em Roma o suficiente, e por isso não compreendo em que os cristãos acreditam de verdade. O que tem chegado aos meus ouvidos é que praticamente todo crime que acontece é imputado a eles. Porém, no caso de ser como dizes, hei de ter a oportunidade de vir a sabê-lo.

Nesse momento, uma outra cena atraiu-lhes a atenção. Desta vez entrou no cenário um ancião, de figura inclinada e cabelo branco-prata. Era de idade muito avançada. Sua aparição foi recebida com gritos de zombaria e escárnio, embora seu rosto majestoso e atitudes dignas, até o extremo, fizessem presumir que era apresentado para despertar admiração. Enquanto as risadas e alaridos de escárnio feriam seus ouvidos, ele elevou sua cabeça ao mesmo tempo que pronunciou algumas poucas palavras.

—Quem é ele? Perguntou Marcellus?

—Esse é Alessandro, um mestre da abominável seita dos cristãos. É tão obstinado que não se retrata…

—Silêncio! Escuta o que ele está dizendo.

—Romanos — disse o ancião — sou cristão. Meu Deus morreu por mim, e eu, agradecido, ofereço minha vida por Ele. Uma explosão de gritos e imprecações afogaram sua voz. E antes que tivesse concluído, três panteras apareceram saltando na direção dele. O ancião cruzou os braços e elevando seu olhar para o céu, podia ver-se seus lábios se mexerem como se sussurrando orações. As selvagens feras se atiraram sobre ele enquanto orava em pé e, em questão de segundos, o destroçaram.

Foi permitida a entrada de outras feras selvagens. Elas começaram a correr em volta da arena, tentando pular contra as barreiras. Em seu furor atacaram-se umas contra as outras. Era uma cena monstruosa.

Para ali dentro foi arremessado um bando de indefesos prisioneiros, empurrados com rudeza. Tratava-se principalmente de moças, que deste modo eram oferecidas à apaixonada turba romana sedenta de sangue. Cenas como estas teriam comovido o coração de qualquer um em quem os últimos traços de sentimentos humanos não tivessem sido anulados. Mas em Roma não existia compaixão. Encolhidas e temerosas, as infelizes criaturas mostravam a humana debilidade natural de deparar-se com morte tão terrível. Porém, de um momento para outro, algo como que uma faísca misteriosa de fé as possuía e as fazia superar todo temor. Ao perceberem a presença de suas presas, as feras começaram a aproximar-se. Juntando as mãos, estas jovens fitaram os céus, e elevaram um cântico solene e imponente, que se erguia com clareza e belíssima doçura para as mansões celestiais:

Ao que nos amou,
Ao que nos lavou de nossos pecados,
Em Seu próprio sangue;
Ao que nos fez reis e sacerdotes,
Para nosso Deus e Pai;
A Ele seja glória e domínio
Pelos séculos dos séculos,
Aleluia! Amém!

Uma a uma foram silenciadas as vozes, afogadas com seu próprio sangue, agonia e morte. Um a um os clamores e contorções de angústia se confundiam com exclamações de louvor. E esses belos espíritos juvenis, tão heróicos ante o sofrimento e fiéis até a morte, levaram seu canto até uni-lo aos salmos dos remidos nas alturas.

2
O ACAMPAMENTO PRETORIANO

*Cornélio, centurião da corte chamada
Italiana, piedoso e temente a Deus.*

(ATOS 10:1,2)

Marcellus nasceu em Gades e foi criado sob a férrea disciplina do exército romano. Esteve em destacamentos na África, na Síria e na Bretanha e, em todas as partes, distinguiu-se não somente por seu valor no campo de batalha, como também por sua sagaz habilidade administrativa; razões estas pelas quais fez-se merecedor de honras e promoções. Quando chegou a Roma, trazendo importantes mensagens, agradou de tal forma o Imperador, que este o destinou para um posto honorário entre os pretorianos.

Lucullus, ao contrário, jamais havia saído das fronteiras da Itália, talvez nem mesmo da cidade. Pertencia a uma das mais antigas e nobres famílias romanas e era, naturalmente, herdeiro de abundantes riquezas, com a correspondente influência que as acompanha. Fora atraído pelo ousado e franco caráter de Marcellus, o que fez com que os dois jovens se tornassem amigos fiéis. O conhecimento minucioso que Lucullus possuía da capital lhe assegurava a facilidade de servir seu amigo. As cenas descritas no capítulo precedente, narram uma das primeiras visitas que Marcellus fizera ao renomado Coliseu.

O acampamento pretoriano estava situado junto à muralha da cidade, a qual unia-se outra muralha que o circundava. Os soldados viviam em quartos semelhantes a celas perfuradas na mesma parede. Era um corpo integrado por numerosos homens, cuidadosamente selecionados, e sua situação na capital lhes concedeu tal poder e influência, que por muitos anos mantiveram o controle do governo. Um posto de comando na guarda pretoriana significava um caminho seguro para a fortuna e Marcellus reunia todas as condições para que lhe fosse garantido um futuro pleno de perspectivas e todas as honras.

Na manhã do dia seguinte, Lucullus entrou em seu quarto e, depois de ter trocado as saudações usuais e de confiança, começou a falar a respeito da luta que testemunharam.

Marcellus disse:

—Tais cenas não são das que mais me agradam. São atos de crassa covardia. A qualquer um pode lhe comprazer ver dois homens bem treinados travar uma luta equilibrada e

limpa; mas aquelas carnificinas que se veem no Coliseu são detestáveis. Por que assassinariam Macer? Ele era um dos mais valentes dos homens, e presto toda a minha homenagem à sua coragem. E por que os anciãos e crianças seriam entregues às feras selvagens?

—É a lei, eles são cristãos.

—Essa é a resposta de sempre. Que delito cometeram os cristãos? Encontrei-me com eles por todas as partes do mundo e jamais os vi engajados em distúrbios ou coisa semelhante.

—Eles são o pior da humanidade.

—Essa é a acusação. Mas, que provas há?

—Provas? Que necessidade temos de provas, se sabemos tão bem o que são e fazem? Conspiram em segredo contra as leis e a religião de nosso Estado. E tamanho é o seu ódio contra as nossas instituições que eles preferem morrer a oferecer sacrifício. Não reconhecem rei, nem monarca algum na Terra, senão àquele judeu crucificado que insistem que vive atualmente. E tanta é sua rejeição para conosco, que chegam a afirmar que devemos ser torturados no Hades para sempre.

—Tudo isso pode ser verdade. Disso não entendo nada. Eu os respeito; não conheço nada.

—A cidade está povoada por eles e o império foi invadido. E guarda isto que te digo: o declínio de nosso amado império, que vemos e lamentamos por todas as partes; o fato de que se tenham difundido a fraqueza e a insubordinação e a diminuição de nossas fronteiras, tudo isso aumenta conforme aumentam os cristãos. A quem mais se devem todos esses males, senão a eles?

—Como eles chegaram a causar tudo isso?

—Por meio de seus ensinos e práticas detestáveis. Eles ensinam que lutar é mau, que os soldados são os mais vis dos homens, que nossa gloriosa religião, sob a qual prosperamos, é uma maldição e que nossos deuses imortais são demônios malditos. Em seus ensinamentos querem destruir toda moralidade. Em suas práticas privadas realizam os mais tenebrosos e imundos dos crimes. Sempre mantêm entre si o mais impenetrável segredo, mas às vezes temos ouvido seus perniciosos discursos e impudicos cantos.

—É evidente que, se é assim, trata-se de algo extremamente grave e por isso merecem o mais severo castigo. Mas, de acordo com tua própria declaração, eles mantêm o segredo entre si e, portanto, sabe-se muito pouco a seu respeito. Dize-me, aqueles homens que sofreram o martírio ontem tinham a aparência de tudo isso? Aquele ancião tinha algo que demonstrasse haver passado sua vida entre cenas de vício? Eram acaso obscenos os cantos que elevaram aquelas belíssimas moças, enquanto esperavam ser devoradas pelos leões?

Ao que nos amou;
Ao que nos lavou de nossos pecados.

E Marcellus cantou em voz baixa e suave as palavras que ouvira.

—Confesso-te, amigo, que no fundo de minha alma lamentei a sorte deles.

Ao que Marcellus acrescentou:

—E eu poderia ter chorado se não fora um soldado romano. Para um momento e reflita. Tu me dizes coisas a respeito destes cristãos e, ao mesmo tempo, confessas que somente sabes de ouvidos, de lábios daqueles que também ignoram o que dizem. Atreves-te a afirmar que são infames e vis, o lixo da Terra. Pessoalmente os admiro quando afrontam a morte, que é a que prova as qualidades mais elevadas da alma. Enfrenta-na com nobreza, chegando ao extremo de morrer alegremente. Roma, em toda sua história, não pôde exibir um único exemplo de cena de maior devoção do que presenciamos ontem. Falas que eles detestam os soldados, mas são extremamente valorosos; dizes que são traidores, no entanto, eles não resistem às leis; declaras que são impuros, no entanto, se existe beleza na Terra, ela pertence àquelas jovens que morreram ontem.

—Entusiasma-te excessivamente por aqueles párias.

—Não é mero entusiasmo, Lucullus. Desejo saber a verdade. Toda a minha vida tenho ouvido essas referências. Mas diante do que vi ontem juntamente contigo, pela primeira vez cheguei a suspeitar de sua veracidade. E agora te pergunto com todo meu interesse, e descubro que teu conhecimento não se fundamenta em nada. E hoje bem me lembro que estes cristãos por todo o mundo são pessoas pacíficas e honestas. Jamais tomam parte em levantamentos ou perturbações. Estou convencido de que nenhum destes crimes, que lhes são atribuídos, poderá ser provado contra eles. Por que, então, devem morrer?

—Porém, o Imperador deve ter boas razões para tê-lo disposto assim.

—Ele pode ser instigado por conselheiros ignorantes ou maliciosos.

—Acho que é uma decisão tomada por ele mesmo.

—O número dos que foram entregues à morte é enorme.

—Ah! sim, são alguns milhares; restam ainda muitos mais; estes, entretanto, estão fora de alcance. E precisamente isso me lembra a razão de minha presença aqui. Trago-te a tarefa imperial.

Lucullus retirou das dobras de sua capa militar um rolo de pergaminho e o entregou a Marcellus. Este examinou com avidez seu conteúdo. Era promovido a um grau superior, ao mesmo tempo em que ficava designado para buscar, perseguir e deter os cristãos onde quer que estivessem ocultos, mencionando, particularmente, as Catacumbas.

Marcellus leu preocupado e depois colocou o rolo de lado.

—Não pareces estar muito contente.

—Confesso-te que a tarefa é desagradável. Sou um soldado e não gosto de andar à caça de velhos débeis e crianças para os carrascos. Porém, como soldado, devo obedecer. Fala-me algo sobre as Catacumbas.

—As Catacumbas? Trata-se de uma cidade subterrânea, cujos limites ninguém conhece. Os cristãos fogem para lá cada vez que se encontram em perigo. Também já estão habituados a enterrar seus mortos ali. Uma vez que as conseguem penetrar, podem considerar-se fora do alcance dos poderes do Estado.

—Quem fez as Catacumbas?

—Ninguém sabe ao certo. O fato é que estiveram ali durante muitos séculos. Acredito que foram escavadas com o

objetivo de extrair areia para edificações. Atualmente, todo o nosso cimento provém dali e poderás ver, por todos os caminhos, inumeros operários trazendo cimento à cidade. Hoje, têm de ir até uma grande distância, porque com o passar dos anos escavaram-se tanto sob a cidade que a deixaram como um favo de mel — sem fundamento.

—Existe alguma entrada regular?

—Existem inúmeras entradas. Precisamente essa é a dificuldade, pois se existissem somente umas poucas, então poderíamos capturar os fugitivos. Contudo, assim não podemos saber em qual direção devemos avançar sobre eles.

—Há alguma cidade da qual se suspeita?

—Sim. Seguindo pela Via Ápia, uns 3 quilômetros para a frente, perto do túmulo de Cecília Metella, ali na grande torre redonda que conheces, muitos cadáveres foram achados. Fazem-se conjecturas de que se trata dos corpos dos cristãos resgatados do anfiteatro e levados para lá, para dar-lhes sepultura. Quando os guardas se aproximam, os cristãos abandonam os corpos e fogem. No entanto, isso não ajuda muito, porque depois que alguém entra nas Catacumbas, não se pode considerar que esteja mais perto do objetivo que antes. Não existe ser humano que possa penetrar naquele labirinto infinito sem o auxílio daqueles que lá mesmo moram.

—Quem mora lá?

—Os escavadores, que ainda se dedicam a cavar a terra em busca de areia para as construções. Quase todos eles são cristãos e sempre estão ocupados em escavar tumbas para os cristãos que morrem.

Esses homens viveram ali sua vida toda, e não somente se pode dizer que estão familiarizados com todas aquelas passagens, senão que têm uma espécie de intuição que os conduz.

—Alguma vezes estiveste nas Catacumbas, certo?

—Uma vez, faz muito tempo, quando um escavador me acompanhou. Mas só permaneci ali por pouco tempo. Deu-me a impressão de ser o lugar mais terrível que existe no mundo.

—Tenho ouvido falar das Catacumbas, mas na verdade não sabia nada a respeito delas. É estranho que sejam tão pouco conhecidas. Não poderiam esses escavadores comprometer-se a guiar os guardas por todos esses labirintos?

—Não, eles não trairão os cristãos.

—Mas, tentaram fazê-lo?

—Ó, sim. Alguns obedecem e guiam os oficiais da justiça através da rede de passagens, até que chega um momento em que quase perdem o sentido. As tochas quase se extinguem e eles chegam a aterrorizar-se, pedindo para voltar. O escavador expressa que os cristãos devem ter fugido e assim o oficial volta ao ponto de partida.

—E ninguém tem a decisão de seguir o suficiente até chegar a encontrar os cristãos?

—Se insistem em continuar a busca, os escavadores os conduzirão perpetuamente. Mas o fazem pelas incontáveis passagens que interceptam alguns distritos particulares.

—E nem um deles trairá os fugitivos?

—Sim, algumas vezes. Mas, de que serve? Ao primeiro sinal de alarme todos os cristãos desaparecem pelos condutos laterais que se abrem por toda parte.

—Minhas perspectivas de êxito parecem pequenas.

—Poderão ser poucas, muito poucas mas espera-se muito da tua ousadia e sagacidade. Pois se chegares a ter êxito nessa tarefa, que te é atribuída, terás assegurada a tua fortuna. E agora, boa sorte! Contei-te tudo o que sei. Não terás dificuldades em aprender mais de qualquer dos escavadores.

Assim falava Lucullus, enquanto ia embora. Marcellus escondeu o rosto entre as mãos e perdeu-se em profundos pensamentos. Porém, durante sua meditação, como envolvendo-o, perseguia-o, as primeiras frases, cada vez mais penetrantes, daquela gloriosa melodia que evidenciava o triunfo sobre a morte:

Ao que nos amou,
Ao que nos lavou de nossos pecados.

3
A VIA ÁPIA

Sepulcros em fileiras tristes
guardam as cinzas dos poderosos
que dormem na Via Ápia.

Marcellus, sem demora, entregou-se inteiramente a cumprir a tarefa para a qual fora destinado. No dia seguinte, dedicou-se às suas investigações. Como se tratava de uma mera indagação, não se fez acompanhar de soldado algum. Partindo do quartel dos pretorianos, caminhou para fora da cidade descendo pela Via Ápia.

Uma sucessão de túmulos alinhava-se em ambos os lados desta famosa via, cuja magnífica conservação estava a cargo das famílias a quem pertencia. A certa distância do caminho,

ficavam as casas e as vilas, tão igualmente apinhadas como no centro da cidade. Muito havia ainda a ser percorrido para chegar a campo aberto.

Finalmente, o caminhante chegou à grande torre redonda, a qual se distanciava cerca de 3 quilômetros do portão. Construída de enormes blocos de pedra, fora ornamentada com a mais imponente beleza e simplicidade. O estilo austero de tão sólida construção lhe imprimia um ar de firme desafio contra os embates do tempo.

A esta altura, Marcellus se deteve para contemplar o que havia percorrido. Para um novato em Roma cada vista apresentava algo novo e interessante. O mais impressionante aqui era a interminável fileira de túmulos. Esses pontos eram os últimos lugares de descanso dos grandes, dos nobres e dos valentes nos tempos passados, cujos epitáfios anunciavam suas honras na Terra, em contraste com a incerteza de suas perspectivas nas surpresas de uma vida porvir. As artes e a riqueza haviam erigido estes pomposos monumentos, e a piedosa afeição dos séculos as preservara da decadência. Exatamente frente a ele estava o mausoléu sublime de Cecília Metella; uma pouco mais longe, estavam os túmulos de Catalino e os Servillius. Mais distante ainda, seu olhar encontrou o lugar de repouso de Escipião, cuja clássica arquitetura classificava seu conteúdo com "o pó de seus heróicos habitantes".

À sua mente vieram as palavras de Cícero: *Quando saís pela Porta Capena, e vedes as tumbas de Catalino, dos Escipiões, dos Servilius, dos Metella, atrevei-vos a pensar que os que ali estão sepultados são infelizes?*

O MÁRTIR DAS CATACUMBAS

Ali estava o Arco de Druso, limitando a via; de um lado, a gruta histórica de Egéria, e a curta distância, o lugar escolhido uma vez por Aníbal para lançar sua javalina contra as muralhas de Roma. As intermináveis fileiras de tumbas seguiam até terminarem na monumental pirâmide de Gaio Cestio, conjunto que oferecia o maior cenário de magnificiência sepulcral, que podia ser encontrado em toda a Terra.

Por todos os lados, as habitações dos homens cobriam o chão, pois fazia longo tempo que a cidade imperial havia excedido seus limites originais e as casas se espalharam por todos os lados no campo que a circundava, até o extremo que o viajante apenas podia distinguir onde terminava o campo e começava a cidade.

De longe, o barulho da cidade, o circular das numerosas carruagens, o caminhar de multidões de pés pressurosos pareciam saudar seus ouvidos. Diante dele se levantavam os monumentos e templos, o branquíssimo brilho do palácio imperial, as inumeráveis cúpulas e colunas formando torres elevadas, como uma cidade no ar, por cima de todo o excelso Monte Capitolino, em cujo cume se eleva o templo de Júpiter.

Todavia, tanto mais impressionante que todo o esplendor do lar dos vivos, era a solenidade da cidade dos mortos.

Que desperdício de glória arquitetônica se espalhava à volta dele! Ali se elevavam orgulhosos os monumentos das grandes famílias de Roma. O heroísmo, o gênio, o valor, o orgulho, a riqueza, tudo o que o homem estima ou admira, animava ali as eloquentes pedras e despertavam a emoção. Ali estavam as formas visíveis das mais altas influências da antiga

religião pagã. Porém, seus efeitos sobre a alma nunca corresponderam ao esplendor de suas formas externas ou à pompa de seus rituais. Os epitáfios não evidenciavam nem um sinal de fé, senão amor à vida e seus triunfos; nada de segurança de uma vida imortal, mas um triste desejo egoísta dos prazeres deste mundo.

Tais eram os pensamentos de Marcellus, enquanto meditava sobre o cenário que estava diante si e, insistentemente, repetia-se a lembrança das palavras de Cícero: "...atrevei-vos a pensar que aqueles que ali estão sepultados são infelizes?"

Ponderava: "Esses cristãos, em cuja busca estou, parecem ter aprendido mais do que posso descobrir em toda nossa filosofia. Parecem não somente ter vencido o temor da morte, como também aprenderam a morrer regozijando-se. Que poder secreto eles têm que chega a inspirar ainda os mais jovens e os mais fracos deles? Qual o significado oculto de seus cânticos? Minha religião permite somente a esperança de que talvez não serei infeliz; porém, a deles os leva a morrer com cantos de triunfo, de regozijo".

Mas, o que faria para poder continuar com sua busca pelos cristãos? Multidões de pessoas passavam junto a ele, mas ele não podia descobrir uma só pessoa capaz de ajudá-lo. Edifícios de variados tamanhos, muralhas, túmulos e templos o rodeavam por todas as partes, mas ele não via lugar algum que pudesse conduzi-lo às Catacumbas. Estava completamente perdido e sem saber o que fazer.

Entrou numa rua caminhando lentamente, tentando fazer um escrutínio cuidadoso de cada pessoa que encontrava

e examinando minuciosamente cada edifício. Contudo, não obteve o menor resultado, salvo ter descoberto que a aparência externa de tudo que o rodeava não mostrava sinais que a relacionasse com habitações subterrâneas. O dia se passou e começou a ficar tarde, mas Marcellus lembrou que haviam lhe dito existir muitas entradas para as Catacumbas, e foi assim que continuou sua busca, esperando achar alguma pista antes do fim do dia.

No final, sua busca foi recompensada. Havia caminhado em todas as direções, às vezes recorrendo às suas próprias pegadas e voltando novamente ao ponto de partida para reorientar-se. As sombras crepusculares se aproximavam e o sol se aproximava do horizonte. Nessas circunstâncias, seu olhar alerta foi atraído para um homem que caminhava na direção oposta, seguido por um menino. A vestimenta do homem era de confecção rústica e, além disso, estava suja e úmida de areia e argila. Seu aspecto magro e seu rosto pálido evidenciavam tratar-se de alguém que havia estado longo tempo em prisões, e assim toda sua aparência externa atraiu o atento olhar do jovem soldado.

Aproximou-se daquele homem e, não sem antes colocar a mão sobre seu ombro, disse-lhe:

—És escavador. Vem comigo.

Ao olhar para ele, o homem deu com um rosto severo. E a presença das roupas de oficial o atemorizaram. Contudo, no mesmo instante desapareceu e antes que Marcellus pudesse dar o primeiro passo em sua perseguição, tomou um rumo lateral e se perdeu de vista.

Mas Marcellus pegou o garoto.

—Vem comigo — disse.

A pobre criança não pôde fazer senão fitá-lo, mas com tal agonia e medo que Marcellus ficou comovido.

—Tem misericórdia de mim, peço pela minha mãe. Se me prenderes ela morrerá.

A criança se lançou aos seus pés, balbuciando somente aquilo, em forma entrecortada.

—Não vou te fazer nenhum dano, vem comigo — e assim o conduziu para um espaço aberto, afastado do lugar por onde tanta gente estava circulando. — E agora que estamos sós, — disse-lhe, detendo-se e fitando-o —, dize-me a verdade. Quem és?

—Chamo-me Pollio — disse o menino.

—Onde moras?

—Em Roma.

—E o que estás fazendo aqui?

—Saí para cumprir uma tarefa.

—Quem era aquele homem?

—Um escavador.

—O que estavas fazendo com ele?

—Ele estava me levando um pacote.

—O que continha o pacote?

—Alimentos.

—A quem os levavas?

—A uma pessoa necessitada.

—Onde mora essa pessoa?

—Aqui perto, perto.

—Ora, menino, fala a verdade. Sabes alguma coisa sobre as Catacumbas?

—Já ouvi sobre elas — disse o menino baixinho.

—Nunca estiveste dentro delas?

—Sim, já estive em algumas delas.

—Conheces alguém que more lá?

—Sim, algumas pessoas. Os escavadores moram ali.

—Tu ias às Catacumbas com ele?

—O que vou fazer ali nesta hora? — disse o garoto, inocentemente.

—É exatamente isso que desejo saber. Ias para lá?

—Como poderia atrever-me a ir para lá, quando está proibido pela lei?

Marcellus disse abruptamente:

—Já é noite. Vamos ao culto noturno daquele templo.

O menor vacilou e depois disse:

—Estou com pressa.

—Mas neste momento, és meu prisioneiro. Nunca negligencio a adoração aos deuses. Deves vir agora comigo e ajudar-me em minhas devoções.

Ao que a criança respondeu firmemente:

—Não posso.

—Por que não podes?

—Porque sou cristão.

—Eu já sabia. E tens amigos nas Catacumbas, e estás indo para lá agora. Eles são as pessoas necessitadas a quem estás levando esses alimentos, e a tarefa que cumpres é para eles.

O menino inclinou a cabeça e guardou silêncio.

—Quero que me conduzas agora mesmo à entrada das Catacumbas.

—Ó! Vejo que és um oficial generoso, tem misericórdia de mim! Não me peças semelhante coisa, porque não posso fazê-lo. Jamais trairei meus amigos.

—Não os trairás. Mostrar-me uma entrada entre as muitas que conduzem até lá embaixo não significa nada. Acreditas que os guardas não as conhecem todas?

O menino refletiu por um momento, e finalmente manifestou seu assentimento.

Marcellus o tomou pela mão e seguiu sua orientação. Ele voltou à direita da Via Ápia, e depois de andar uma curta distância chegou a uma casa desabitada. Entrou nela e desceu ao porão. Ali havia uma porta que aparentemente dava para um simples depósito. O menino indicou esse lugar e se deteve.

—Desejo descer até lá — disse Marcellus firmemente.

—Tens certeza de que te arriscarias a descer lá sozinho?

—Dizem que os cristãos não cometem delitos. O que deveria temer? Continuemos.

—Não possuo tochas.

—Mas eu as tenho. Vim preparado. Vamos.

—Não posso continuar mais.

—Tu te negas?

O menino respondeu:

—Devo negar-me. Meus amigos e parentes estão lá embaixo. Melhor seria morrer cem vezes do que conduzir-te até onde eles estão.

—És muito ousado. Mas não sabes o que é a morte.

—O quê? Eu não sei? Que cristão teme ir à morte? Já vi muitos de meus amigos morrerem em agonia e ainda ajudei a sepultá-los. Não te conduzirei até lá. Leva-me à prisão.

A criança deu meia volta.

—Mas se eu te levar, o que pensarão teus amigos? Tens mãe?

O menino inclinou a cabeça e começou a chorar amargamente. A menção daquele nome querido o havia vencido.

—Vejo que tens mãe e que a amas. Leva-me lá embaixo e voltarás a vê-la.

—Jamais os trairei, já disse. Antes, morrerei. Faz comigo o que desejares.

—Se eu tivesse más intenções, achas que desceria sem me fazer acompanhar por soldados? — disse Marcellus.

—Mas o que pode querer um soldado, ou um pretoriano, com os perseguidos cristãos, senão os destruir?

—Moleque, não tenho más intenções. Se me conduzires até lá embaixo, juro que não farei nada contra teus amigos. Quando estiver lá, serei um prisioneiro e eles poderão fazer comigo o que desejarem.

—Juras que não os trairás?

—Juro pela vida de César e pelos deuses imortais — disse Marcellus solenemente.

—Vamos, então — disse a criança. — Não precisamos de tochas. Segue-me cuidadosamente.

E o menino penetrou pela estreitíssima abertura.

4

AS CATACUMBAS

*Nada de luz, só visíveis trevas
Serviam somente para
Descobrir quadros de angústia,
Regiões de dor, funestas sombras.*

Seguiram na densa escuridão, até que no fim a passagem se tornou mais larga e chegaram aos degraus que conduziam para baixo. Marcellus, segurando as roupas do menino, o seguia.

Era certamente uma situação que poderia provocar pânico. Ele estava voluntariamente colocando-se em poder dos homens, a quem precisamente a classe à qual ele pertencia os havia privado do ar livre, afundando-os naquelas tétricas moradas. Para eles, Marcellus não podia ser reconhecido

de outro modo senão como perseguidor. Mas a impressão que nele haviam deixado, a gentileza e humildade deles era tal que não tinha o menor temor de sofrer dano algum. Estava simplesmente no poder deste menino que bem poderia conduzi-lo à morte nas densas trevas destes impenetráveis labirintos, mas sequer pensava nisso. Era o vivo desejo de conhecer mais desses cristãos, descobrir seu segredo, o que o conduzia a seguir adiante; e conforme jurara, resolveu que essa visita não seria utilizada para traí-los ou feri-los.

Depois de descer por algum tempo, caminharam por um terreno plano. De repente, voltaram e entraram numa pequena câmara abobadada, iluminada pela débil fosforescência de uma fornalha. A criança havia caminhado com passo firme sem a menor hesitação, como quem está perfeitamente familiarizado com o caminho. Ao chegar àquela câmara, acendeu a tocha que estava no chão, e recomeçou sua marcha.

Existe sempre alguma coisa de inexplicável no ar de um campo santo, impossível de se comparar a qualquer outro lugar. Exceto o fato da reclusão, a umidade, o mortal cheiro da terra, há uma certa influência sutil que envolve tais ambientes com tamanha intensidade que os faz tanto mais aterradores. Ali aflora o hálito dos mortos, que pousa tanto na alma como no corpo. Era esta a atmosfera das Catacumbas. O frio e a umidade atacavam o visitante, como a gelada atmosfera do reino da morte. Os vivos experimentavam o poder misterioso da morte.

Pollio caminhava na frente, seguido de Marcellus. A tocha iluminava apenas as densas trevas. Os reflexos da luz

do dia, nem mesmo o raio mais fraco, jamais poderiam penetrar ali para aliviar a deprimente densidade dessas trevas. Era literalmente escuro, era possível sentir a escuridão. A luz da tocha iluminou só uns poucos passos, mas não demorou em extinguir-se em tantas trevas. A senda seguia tortuosamente fazendo giros incontáveis. Repentinamente Pollio se deteve e apontou para baixo. Olhando entre a escuridão, Marcellus viu uma abertura na senda que conduzia ainda mais abaixo de onde já estavam. Era uma fossa sem fundo visível.

—Para onde me conduzes?

—Abaixo.

—Existem mais corredores lá embaixo?

—Ó, sim. Há tantos como aqui; e ainda embaixo da próxima seção há outros. Eu só estive em andares diferentes destas sendas, mas alguns velhos escavadores dizem que há alguns lugares onde se pode descer a uma profundidade enorme.

O corredor serpenteava de tal modo que toda ideia de localização se perdia por completo. Marcellus já não sabia ao certo se estava a uns quantos passos da entrada ou a muitos estádios. Seus perplexos pensamentos logo começaram a voltar-se para outras coisas. Ao passar a primeira impressão das densas trevas, dedicou-se a olhar mais atentamente ao que se lhe apresentava à vista, cada vez mais impressionado com as muitas maravilhas daquele estranho lugar. Ao longo das paredes havia pranchas semelhantes a lápides que pareciam cobrir longas e estreitas escavações. Estes nichos celulares alinhavam-se a ambos os lados tão estreitamente que apenas

sobrava espaço entre um e outro. As inscrições que se viam nas pranchas evidenciavam que eram tumbas de cristãos. Não teve tempo de deter-se para ler, mas havia uma nota de repetição da mesma expressão, tal como:

Honória – dorme em paz

Fausta – em paz

Em quase todas as tábuas viu a mesma doce e benigna palavra. "PAZ", pensava Marcellus. "Que gente mais maravilhosa são estes cristãos, que ainda em meio a cenários como este e abrigam seu sublime desdém pela morte?".

À medida que avançava, seus olhos habituavam-se cada vez melhor às trevas. Agora o corredor começava a estreitar-se. O teto se inclinava e os lados se aproximavam. Eles deviam encolher-se e caminhar mais devagar. As muralhas eram toscas e rudemente cortadas, conforme as deixavam os trabalhadores, quando extraiam daqui sua última carga de areia para os edifícios acima. A umidade subterrânea e os fungos cresciam por toda parte, agravando toda sua tétrica cor, saturando o ar de pesada umidade, enquanto a fumaça das tochas tornava a atmosfera ainda mais depressiva.

Passaram centenas de corredores e dezenas de lugares em que se encontravam numerosas sendas, que se separavam em diferentes direções. Estes inumeráveis caminhos demonstravam a Marcellus até que ponto estava fora, isolado do mundo exterior. O menino tinha sua vida em suas mãos.

—Algumas pessoas costumam se perder aqui?

—Com grande frequência.

—O que acontece com eles?

—Algumas vezes vagueiam até que encontram algum amigo; outras, não se fica sabendo nada mais sobre eles. Mas hoje, muitos de nós, conhecemos o lugar tão bem, que se nos perdêssemos não demoraríamos a chegar de novo, tateando, a alguma senda conhecida.

Uma coisa em particular impressionou especialmente o jovem oficial: o predomínio de pequenas tumbas. Pollio explicou que pertenciam a crianças. Estas despertaram em Marcellus, sentimentos e emoções que não havia experimentado antes.

"Crianças!", pensava, "O que elas fazem aqui? Os jovens, os puros, os inocentes? Por que não foram sepultados acima, onde os raios benfeitores do sol os abrigariam e as flores enfeitariam seus túmulos? Acaso eles percorreram trilhas tão tenebrosas como estas em seus curtos dias de vida? Acaso partilharam sua sorte com aqueles que caminharam até esses tétricos esconderijos em sua fuga da perseguição? Talvez o ar mortífero de interminável tristeza, destas pavorosas moradas, tenha diminuído suas preciosas vidas infantis, e tirado a vida de seus imaculados espíritos, antes de seu tempo de maturidade?"

Marcellus, como em um suspiro, perguntou:

—Faz muito tempo que estamos nesta marcha, estamos para chegar?

O menino respondeu:

—Brevemente chegaremos.

Sejam quais fossem as ideias que Marcellus abrigava antes de chegar até lá, quanto à caça destes fugitivos, agora estava convencido de que todo intento de fazê-lo era absolutamente em vão. Todo um exército de soldados podia penetrar aqui e jamais chegar sequer a ver um único cristão. E quanto mais se afastasse, tanto mais sem esperança a jornada seria. Eles poderiam espalhar-se por esses inumeráveis corredores e vaguear por ali até encontrar a morte.

No entanto, agora um som quase imperceptível, vindo de longa distância, atraiu sua atenção. Doce e de uma candura indescritível, baixíssimo e musical, vinha dos longos corredores, chegando a encantar-lhe como se fosse uma voz das regiões celestiais.

Continuaram sua lenta marcha, até que uma luz brilhou diante deles, ferindo as densas trevas com seus raios. Os sons aumentavam, elevando-se imediatamente num coro de magnificência imponderável, para depois diminuir e minguar até converter-se em lamentos de penitentes súplicas.

Em poucos minutos chegaram a uma encruzilhada, desembocando diante dum cenário que bruscamente apareceu perante seus olhos.

—Para! — exclamou Pollio, ao mesmo tempo que detinha seu companheiro e apagava a luz da tocha, que os havia guiado até ali. Marcellus obedeceu e olhou com profunda avidez o espetáculo que se oferecia à sua visão. Estavam numa câmara abobadada com aproximadamente cinco metros de altura e dez de largura. E em tão reduzido espaço se albergavam umas cem pessoas — homens, mulheres e crianças. A

um lado havia uma mesa, detrás da qual estava, em pé, um ancião venerável, que parecia ser o líder entre eles. O lugar estava iluminado pelo reflexo de algumas tochas, que lançavam uma luz avermelhada e fosca sobre a assembléia toda. As pessoas pareciam consumidas, sem cuidado algum e suas faces eram caracterizadas pela mesma palidez que Marcellus havia observado no escavador. Ah! mas a expressão que agora via neles não era em absoluto de tristeza, nem de miséria, nem de desesperança! Antes, uma atraente esperança iluminava seus olhos e em seus rostos se desenhava uma alegria vitoriosa e triunfal. A alma deste observador foi comovida até o íntimo, porque não era senão a confirmação desejada inconscientemente de tudo quanto havia admirado nos cristãos: seu heroísmo, sua esperança, sua paz, que se fundamentavam necessariamente em algo, escondido, oculto, distante para ele. E enquanto permanecia estático e silencioso, ouviu o canto entoado com a alma por essa congregação:

Grandes e admiráveis são as tuas obras, Senhor Deus, Todo-Poderoso! Justos e verdadeiros são os teus caminhos, ó Rei das nações! Quem não temerá e não glorificará o teu nome, ó Senhor? Pois só tu és santo; por isso, todas as nações virão e adorarão diante de ti, porque os teus atos de justiça se fizeram manifestos (APOCALIPSE 15:3,4).

Seguiu-se uma pausa. O líder leu algo num rolo até então desconhecido para Marcellus. Era a garantia mais sublime da

imortalidade da alma e da vida depois da morte. A congregação toda parecia presa ao majestoso poder destas palavras, como se fossem palavras de vida. Finalmente o leitor prorrompeu numa exclamação de gozo, que arrancou clamores de gratidão e a mais entusiástica esperança por parte de toda a congregação. As palavras penetraram no coração do observador recém-chegado, embora ele ainda não compreendesse a plenitude de seu significado: "Onde está, ó morte, a tua vitória? Onde está, ó morte, o teu aguilhão? O aguilhão da morte é o pecado, e a força do pecado é a lei. Graças a Deus, que nos dá a vitória por intermédio de nosso Senhor Jesus Cristo" (1 CORÍNTIOS 15:55-58).

Essas palavras pareciam abrir sua mente para um novo mundo com novos pensamentos. O pecado, a morte, Cristo com toda aquela infinita sequência de ideias relacionadas, apareciam debilmente perceptíveis para sua alma que, mais que despertar, parecia ressuscitar. Agora mais que nunca ardia nele um desejo vivo por chegar a conhecer o segredo dos cristãos, anseio que mesmo satisfeito não cessaria.

O líder levantou sua cabeça, estendeu os braços e orou fervorosamente. Dirigindo-se ao Deus invisível como se estivesse vendo-o, expressava sua confissão e indignidade e mostrava a gratidão pelo livramento dos pecados, graças ao sangue expiatório de Jesus Cristo. Pedia que o Espírito do alto descesse, operando dentro deles para que os santificasse. Depois enumerou suas agonias e pediu que fossem libertados, implorando a graça da fé em vida, a vitória na morte e a abundante entrada nos céus em nome do Redentor, Jesus.

Prosseguindo, seguiu-se outro cântico entoado como o anterior:

Então, ouvi grande voz vinda do trono, dizendo: Eis o tabernáculo de Deus com os homens. Deus habitará com eles. Eles serão povos de Deus, e Deus mesmo estará com eles. E lhes enxugará dos olhos toda lágrima, e a morte já não existirá, já não haverá luto, nem pranto, nem dor, porque as primeiras coisas passaram. Amém. Bênção, glória e sabedoria, E ações de graças, e honra, e poder e magnificência, Sejam ao nosso Deus Pelos séculos dos séculos, amém (APOCALIPSE 21:3,4).

A congregação começou a dispersar-se. Pollio avançou até a frente, conduzindo Marcellus. Porém, perante sua figura marcial e sua reluzente armadura todos recuaram e tentaram fugir pelas diferentes sendas. Então Marcellus clamou em alta voz:

—Não temais, cristãos! Estou só em vosso poder!

Com isso, todos voltaram e depois o fitaram com ansiosa curiosidade. O ancião que havia conduzido a reunião avançou até ele e lhe dirigiu um olhar firme e esquadrinhador.

—Quem és e por que ainda nos persegues até o último esconderijo de repouso, que nos é permitido na Terra?

—Não suspeiteis do menor mal a meu respeito. Vim sozinho, sem escolta nem ajuda. Estou à vossa mercê.

—Mas, porventura, o que pode desejar de nós um soldado, e ainda mais, um pretoriano? Estás por acaso sendo perseguido? És um criminoso? Tua vida está em perigo?

—De forma alguma. Sou oficial de alta patente e autoridade e acontece que a minha vida toda andei ansiosamente procurando a verdade. Tenho ouvido muito a vosso respeito, cristãos; porém, nesta época de perseguição, é difícil achar um só de vós em Roma. E é por isso que vim até aqui em vossa busca.

Ante isto, o ancião pediu à assembleia que se retirasse, a fim de que pudesse conversar com o recém-chegado. Os outros obedeceram imediatamente e se afastaram por diferentes corredores, sentindo-se mais tranquilos. Uma mulher pálida se adiantou a Pollio e o tomou em seus braços.

—Quanto demoraste, filho meu!

—Mãe querida, encontrei-me com este oficial e fui obrigado a me deter.

—Graças sejam a Deus nosso Senhor que estás bem. Mas, quem é ele?

Ao que o menino respondeu dizendo confiante:

—Acredito que ele é um homem honesto. Já vês como confia em nós.

O líder interveio dizendo:

—Cecília, não vás embora, fica um momento.

A mulher permaneceu, sendo imitada por algumas outras pessoas.

—Coloco-me às tuas ordens, sou Honorius — disse o ancião, dirigindo-se a Marcellus. — Sou um humilde ancião na Igreja de Jesus Cristo. Acredito que és sincero e de boa fé. Dize-me, pois, agora, o que queres de nós.

—Meu nome é Marcellus e sou capitão da Guarda Pretoriana.

—Ai de mim! — exclamou Honorius, juntando as mãos ao mesmo tempo em que caía sentado sobre seu banco. Os outros olharam para Marcellus contritos, e a mulher, Cecília, clamou agonizante de dor.

—Ó, Pollio querido! Como nos traíste!

5
O SEGREDO DOS CRISTÃOS

Aquele que foi manifestado na carne.

(1 TIMÓTEO 3:16)

O jovem oficial permaneceu atônito ao perceber o efeito que seu nome havia produzido. E reagindo, disse:

—Por que todos tremem desse modo? Porventura é por minha causa?

Honorius respondeu:

—Ai de mim! Embora proscritos nestes lugares, temos constante comunicação com a cidade. Ouvimos que novos esforços serão feitos para perseguir-nos com maior severidade e que Marcellus, o capitão dos pretorianos, foi designado

para buscar-nos. E neste momento, vemos em nossa presença o nosso principal inimigo. Não é esta causa o suficiente para que temamos? Por que haverias de perseguir-nos até este lugar?

Marcellus exclamou:

—Não há motivos para que me temais, mesmo que eu fosse vosso pior inimigo. Não estou acaso em vossas mãos? Se desejásseis deter-me, poderia eu escapar? Se quisésseis matar-me, poderia eu resistir? Estou simplesmente entre vós tal como me vedes, sem nenhuma defesa. O fato de encontrar-me aqui sozinho é prova de que não existe perigo de minha parte.

Honorius, reassumindo seu ar de calma, disse:

—Verdadeiramente, tens razão; de forma nenhuma poderias regressar sem a nossa ajuda.

—Ouvi, pois, que explicarei tudo. Sou soldado romano. Nasci na Espanha e fui criado na virtude e moralidade. Fui ensinado a temer os deuses e a cumprir com meu dever. Estive em muitas terras e me dediquei por inteiro à minha profissão. No entanto, nunca negligenciei a religião. Nos lugares onde morei, estudei todos os escritos dos filósofos da Grécia e de Roma. Aprendi a desdenhar nossos deuses e deusas, que não são melhores, ao contrário, são piores do que eu mesmo. De Platão e Cícero aprendi que existe um Divino Supremo o qual é meu dever obedecer. Porém, como posso conhecê-lo e como devo obedecê-lo? Também aprendi que sou imortal e que, quando morrer, hei de converter-me em espírito. Como serei então? Serei feliz ou miserável? Como posso assegurar a felicidade na vida espiritual? Eles descrevem

com eloquência as glórias da vida imortal, mas não dão instruções para os homens comuns como eu. Descobrir tudo isso constitui o desejo vivo de minha alma.

—Os sacerdotes são incapazes de dizer alguma coisa. Estão envolvidos com antigos formalismos e cerimônias, nas quais eles mesmos não creem. A antiga religião está morta; e os homens não se preocupam mais.

—Nos diferentes lugares por onde andei, tenho ouvido falar muito sobre os cristãos. Mas preso, como sempre estive em meu quartel, jamais tive a oportunidade de vê-los. E para ser franco, não havia me interessado em conhecê-los, até estes últimos dias. Tenho ouvido informes comuns de sua imoralidade, seus vícios secretos, suas desleais doutrinas. E, naturalmente, até pouco tempo atrás eu acreditava nisso tudo. Há alguns dias estive no Coliseu. Somente ali aprendi algo a respeito dos cristãos. Contemplei o gladiador Macer, um varão para quem o temor era desconhecido, que entregou sua vida calmamente ao invés de praticar o que acreditava ser errado. Vi um ancião enfrentar a morte com um pacífico sorriso em seus lábios. E acima de tudo vi um grupo de moças que entregaram suas vidas às feras selvagens com um cântico de triunfo:

Ao que nos amou,
Ao que nos lavou de nossos pecados.

O que Marcellus expressou produziu um efeito maravilhoso. Os olhos dos que o ouviram resplandeciam de alegria e veemência. Quando mencionou Macer, entreolharam-se com

gestos significativos. Ao falar do ancião, Honorius inclinou a cabeça, e quando falou das crianças e das jovens sussurrando as palavras do hino, todos voltaram o rosto e choraram.

—Foi aquela a primeira vez em minha vida que vi a morte derrotada. Naturalmente, posso afrontar a morte sem temor, como também cada soldado no campo de batalha. Porém, essa é a nossa profissão. Mas essas pessoas se regozijavam em morrer. Aqui não se trata de soldados, senão de crianças, que estavam imbuídos dos mesmos sentimentos maravilhosos em seus corações.

—Desde então não tenho conseguido pensar absolutamente em nenhuma outra coisa. Quem é Ele que vos amou? Quem é Ele que vos lavou de vossos pecados com Seu sangue? Quem é Ele que dá essa coragem sublime e essa esperança viva dentro de vós? O que vos mantém aqui? Quem é Ele para quem acabastes de orar?

—Efetivamente fui designado para conduzir os soldados contra vós e destruir-vos. Todavia, primeiramente, desejo saber mais a vosso respeito. Juro pelo Ser Supremo que essa minha visita não ocasionará dano algum. Dizei-me, pois, o segredo dos cristãos.

Honorius respondeu:

—Tuas palavras são sinceras e verdadeiras. Agora já sei que não és um espião ou inimigo, mas uma alma sedenta que foi enviada até aqui pelo mesmo Espírito Santo, para que conheças aquilo que há tempo estás procurando. Alegra-te, pois, porque todo aquele que vem a Cristo, de nenhuma forma será rejeitado.

—Tenho visto homens e mulheres que deixaram amigos, lares, honras e riquezas para viver aqui em necessidade, temor, aflição; e tudo isso o tiveram por perda, por causa de Jesus Cristo; nem mesmo suas próprias vidas valorizam. Os cristãos deixam tudo por Aquele que os amou.

—Tens toda a razão, Marcellus, ao pensares que há um grande poder que pode fazer tudo isto. Não é o mero fanatismo, não é ilusão, nem muito menos emoção. É o conhecimento da verdade e o amor ao Deus vivo.

—O que andaste procurando por toda tua vida, é nossa mais amada conquista. Entesourado em nossos corações, é para nós mais digno e sem comparação sequer com qualquer coisa que este mundo possa oferecer. Garante-nos a felicidade na vida ainda neste tenebroso lugar, e nos dá a vitória sobre a própria morte.

—Anseias conhecer o Ser Supremo. Nossa fé (cristianismo) é sua revelação. E por meio dessa revelação Ele se torna conhecido. Infinito em grandeza e poder, e também em amor e misericórdia. Esta fé nos aproxima tanto a Ele, que o torna nosso melhor amigo, nosso guia, nosso consolo, nossa esperança, nosso tudo, nosso Criador, nosso Redentor e o real e eterno Salvador.

—Desejas saber de nossa vida imortal. Pois nossas Escrituras Sagradas nos explicam isso. Elas nos ensinam que, crendo em Jesus Cristo, o Filho de Deus, e amando e servindo a Deus na Terra, moraremos com Ele em infinita e eterna bem-aventurança nos Céus. Elas também nos mostram como devemos viver a fim de agradar-lhe aqui,

enquanto nos ensinam como o louvaremos por todo o sempre depois desta vida. Por elas aprendemos que a morte, embora nossa inimiga, já não é uma maldição para o cristão, ao contrário, converte-se numa bênção, já que "partir e estar com Cristo, é incomparavelmente melhor" (FILIPENSES 1:23), que permanecer aqui, porque entramos na presença daquele que "nos amou e se entregou a si mesmo por nós" (EFÉSIOS 5:2).

—Portanto — exclamou Marcellus —, se isto é assim, faz-me conhecer a verdade. Porque isto é o que andei procurando por anos; por isso orei ao Ser Supremo de quem somente ouvi falar. És o possuidor daquilo que ansiei saber. O fim e o objetivo de minha vida se encontram aqui. Toda a noite está a nossa frente. Não me rejeites conta-me tudo de uma vez. É verdade que Deus revelou tudo isso, e que tenho permanecido em ignorância?

Lágrimas de alegria brilharam nos olhos dos cristãos. Honorius sussurrou poucas palavras de oração em gratidão a Deus. Prosseguindo, tomou um manuscrito que desdobrou com carinhoso cuidado.

E prosseguiu falando:

—Aqui, amado jovem, tu tens a palavra de vida que recebemos de Deus, que traz paz e alegria ao homem. Aqui encontramos tudo o que almeja a alma. Nestas palavras divinas aprendemos o que não podemos achar em nenhuma outra parte. E ainda que a mente acaricie estas verdades por toda uma vida, contudo nunca chegará a dominar a máxima extensão das verdades gloriosas.

Então Honorius abriu o Livro e começou a falar a Marcellus acerca de Jesus Cristo. Falou-lhe da promessa feita no Éden de um homem que haveria de ferir Satanás na cabeça; e a sucessão de profetas que haviam predito a Sua vinda; do povo escolhido por meio do qual Deus havia mantido vivo o conhecimento da verdade por tantos séculos, e das obras portentosas que haviam presenciado. Leu o anúncio de que o Filho de Deus devia nascer de uma virgem. Leu sobre Seu nascimento, Sua infância, as primeiras apresentações, Seus milagres, Seus ensinos. Tudo isso foi-lhe lido, acrescentando uns poucos comentários de sua parte, do sagrado manuscrito.

Em seguida, passou a relatar o tratamento que Ele recebera: as zombarias, o desprezo, a perseguição que acelerou tudo até chegar a ser traído e condenado.

Finalmente leu a narração de Sua morte na cruz do Calvário.

O efeito dessa leitura era maravilhoso em Marcellus.

A luz parecia iluminar sua mente. A santidade de Deus que abomina o pecado do homem; Sua justiça que demanda o castigo; Sua paciência infinita; Sua misericórdia, que previu um modo de salvar Suas criaturas da ruína, que elas mesmas haviam trazido sobre si; Seu amor incomensurável que o levou a dar Seu Filho unigênito e bem-amado; esse amor que o fez descer para sacrificar-se para a salvação dos homens. Tudo foi explicado com clareza. Quando Honorius chegou ao ponto mais alto da dolorosa história do Calvário, e ao momento em que Jesus exclamou: "Deus meu, Deus meu, por que me desamparaste?" (MATEUS 27:46) seguido do grito de triunfo: "Está consumado!" (JOÃO 19:30), pôde-se ouvir

um profundo suspiro de Marcellus. E olhando através das lágrimas que umedeciam seus próprios olhos, Honorius viu a forma daquele homem forte, inclinada e tremendo pela emoção.

—Chega, chega — murmurou em voz baixa — deixa-me pensar nele:

Ao que nos amou,
Ao que nos lavou de nossos pecados
com Seu próprio sangue.

E Marcellus escondeu o rosto entre suas mãos. Honorius elevou os olhos ao céu e orou. Os dois estavam sozinhos, porque seus companheiros haviam se retirado silenciosamente. A tênue luz de uma lâmpada colocada numa pequena abóbada detrás de Honorius iluminava debilmente a cena. E assim ambos permaneceram em silêncio durante um longo tempo.

Finalmente Marcellus levantou a cabeça.

—Sinto — disse — que também tive culpa e causei a morte do Santo. Lê-me mais dessas palavras de vida, porque minha vida depende delas.

Então Honorius voltou a ler-lhe a história da crucificação e do sepultamento de Jesus, a ressurreição da manhã do terceiro dia e Sua ascensão à mão direita de Deus. Também leu sobre a vinda do Espírito Santo no dia de Pentecostes, que batizou os cristãos num único Corpo; de Sua permanente morada que faz Seu templo no corpo do cristão; e de Seu

maravilhoso ministério de glorificar a Cristo e de revelá-lo aos pecadores arrependidos.

Contudo, não acabou ali. Foi além e procurou trazer paz à alma de Marcellus, lendo-lhe as palavras de Jesus as quais convidam o pecador a dele se aproximar, assegurando-lhe a vida eterna como conquista real e presente no momento em que o recebe como Senhor e Salvador. Leu também sobre "o novo nascimento", a nova vida, e as promessas de Jesus de voltar outra vez, para recolher todos aqueles que foram lavados com Seu sangue, para encontrar-se com Ele nas alturas.

—É a Palavra de Deus — exclamou Marcellus. — É a voz dos céus. Meu coração responde e aceita tudo o que ouvi. E sei que é a verdade eterna! No entanto, como posso vir a ser possuidor desta salvação? Meus olhos parecem ter sido iluminados e está dissipada toda nuvem. Finalmente me conheço. Antes eu cria que era um homem justo e reto. Contudo, ao lado do Santo, de quem tanto aprendi, fiquei afundado no pó; vejo que perto dele sou um criminoso, convicto e perdido. Como posso ser salvo?

—Porque o Filho do Homem veio buscar e salvar o perdido (LUCAS 19:10).

—E como posso recebê-lo?

—"A palavra está perto de ti, na tua boca e no teu coração; isto é, a palavra de fé que pregamos. Se, com a tua boca confessares Senhor Jesus e, em teu coração creres que Deus o ressuscitou dentre os mortos, serás salvo. Porque com o

coração se crê para justiça e com a boca se confessa a respeito da salvação" (ROMANOS 10:8-10).

—Mas não há nada que eu deva fazer?

—"Porque pela graça sois salvos, mediante a fé; e isto não vem de vós; é dom de Deus; não de obras, para que ninguém se glorie" (EFÉSIOS 2:8,9). "Porque o salário do pecado é a morte, mas o dom gratuito de Deus é a vida eterna em Cristo Jesus, nosso Senhor" (ROMANOS 6:23).

—Mas não há sacrifício que eu tenha que oferecer?

—Quem ofereceu um sacrifício pelo pecado para sempre, e agora está sentado à direita do Pai; e pode salvar para sempre todos os que vêm a Deus por Ele, sendo que sempre vive e intercede por eles?

—Ah! Se posso me achegar a Ele, ensina-me as palavras, conduz-me até Ele!

Na escuridão da gelada abóbada, na solidão e solene silêncio, Honorius ajoelhou-se e Marcellus se inclinou ao seu lado. O venerável cristão elevou sua voz em oração. Marcellus sentiu que sua própria alma estava sendo elevada ao Céu nesse momento e à presença do Salvador, pela virtude daquela fervorosa oração de fé viva. As palavras ecoavam em sua própria alma e espírito. Em seu profundo abatimento ele deixou sua necessidade em mãos de seu companheiro, para que a apresentasse de forma mais apropriada do que ele mesmo poderia fazer. Mas, finalmente, seus próprios desejos de orar, cresceram. A fé o alcançou, e com temor e tremor, porém com real fé, sua alma foi fortalecida, até que finalmente Honorius terminou e sua língua se soltou e elevou o clamor de seu coração:

—Senhor, eu creio, ajuda-me em minha incredulidade!

Aquele único Mediador entre Deus e os homens, Jesus Cristo homem, tornara real a sua fé; e as palavras de Jesus "Em verdade, em verdade vos digo: quem ouve a minha palavra e crê naquele que me enviou tem a vida eterna, não entra em juízo, mas passou da morte para a vida (JOÃO 5:24)". "Ninguém a tira de mim; pelo contrário, eu espontaneamente a dou. Tenho autoridade para a entregar e também para reavê-la. Este mandato recebi de meu Pai" (JOÃO 10:18). Estas palavras foram cridas, recebidas e desfrutadas.

As horas se passaram. Quem poderia descrever com precisão o progresso da alma que passa da morte para vida? Basta saber que quando nasceu o dia lá fora, um dia mais glorioso havia amanhecido na alma e no espírito de Marcellus, nas abóbadas inferiores. Seus desejos tinham sido completamente satisfeitos; a carga de seus pecados tinha-lhe sido tirada e a paz de Deus por Jesus Cristo o enchera.

O segredo dos cristãos era seu e ele se tornara um escravo voluntário de Jesus Cristo. Unido com seus irmãos em Cristo, agora ele também podia cantar:

Ao que nos amou,
Ao que nos lavou de nossos pecados,
Em seu próprio sangue;
A Ele seja glória e domínio
Pelos séculos dos séculos.

6
A GRANDE NUVEM DE TESTEMUNHAS

Todos estes morreram na fé.

(HEBREUS 11:13)

O novo convertido não demorou em conhecer ainda mais sobre os cristãos. Depois de um breve repouso, levantou e reuniu-se com Honorius, que se ofereceu para lhe mostrar aspectos do lugar onde moravam.

Pois aqueles a quem havia visto no culto da noite anterior eram somente uma parte dos moradores das Catacumbas. Seu número se elevava a muitos milhares e estavam espalhados por sua vasta extensão, em pequenas comunidades, cada uma das quais tinha seus próprios meios de comunicação com a cidade.

Assim foi que ele percorreu grande distância acompanhado por Honorius. Maravilhava-se, sobremaneira, com o número de pessoas a quem encontrava; e embora soubesse que os cristãos eram numerosos, não imaginava sequer que um grupo tão grande tivesse coragem de escolher essa vida nas Catacumbas.

Nem estava menos interessado nos mortos do que nos vivos. Ao passar junto aos túmulos, lia cuidadosamente as inscrições sobre suas tumbas, e em todos eles descobria a mesma fé imbatível e a sublime esperança. Deleitava-se lendo, e o devoto interesse que Honorius prestava a estas piedosas memórias, fazia dele o mais simpático dos guias.

—Ali — disse Honorius — repousa uma testemunha da verdade.

Marcellus olhou na direção que ele indicava e leu o seguinte:

> "Primício, em paz, depois de muitos tormentos, o mais valente dos mártires. Ele viveu perto de trinta e oito anos. Esta é uma lembrança de sua esposa que amava ao que bem merecia."

—Estes homens — disse Honorius— nos ensinam como devem morrer os cristãos. Mais à frente há um outro, que também sofreu o mesmo que Primício.

> "Paulo foi morto sofrendo torturas, a fim de que gozasse das eternas bem-aventuranças."

—E lá — acrescentou o ancião — está a tumba de uma nobre dama, que mostrou uma fortaleza tal, que somente Jesus Cristo pôde conceder ao mais fraco de seus seguidores na hora da necessidade:

"Clemência, torturada, morta, repousa, e ressuscitará."

—Não morremos — disse Honorius — mas repousamos, e quando a última trombeta tocar, despertaremos para estar para sempre com o Senhor.

Honorius continuou falando:

—Aqui repousa Constâncio, que em duplo sentido foi constante a seu Deus, mediante uma dupla prova. Primeiro lhe deram veneno, mas como isso não causasse qualquer efeito sobre ele, foi morto a espada.

"O gole mortal não se atreveu a apresentar a Constâncio a coroa, que só ao aço foi permitido oferecer-lhe."

Assim caminharam ao longo das muralhas, lendo as inscrições que apareciam em ambos os lados. Novos sentimentos assaltaram Marcellus, conforme lia o glorioso catálogo de nomes. Para ele foi a história da Igreja de Jesus Cristo. Aqui estavam os atos dos mártires expostos com palavras de fogo. Os rudes quadros que enfeitavam muitos dos sepulcros continham todo o sentimento que as mais

belas obras dos hábeis artistas não poderiam produzir. As letras, rudemente lavradas, a escritura e os erros gramaticais que caracterizavam muitos deles, constituíam provas tangíveis dos tesouros do evangelho para os pobres e humildes. "Irmãos, reparai, pois, na vossa vocação; visto que não foram chamados muitos sábios segundo a carne, nem muitos poderosos, nem muitos de nobre nascimento" (1 CORÍNTIOS 1:26), porém, "aos pobres está sendo pregado o evangelho" (MATEUS 11:5).

Em muitos deles havia um monograma, formado das letras iniciais dos títulos de Cristo (*"Cristo o Senhor", em grego* Χριστοζ Ραββουι), as letras "X" e "P" unidas, formando um monograma. Algumas tinham um ramo de palma, símbolo da imortalidade e da vitória, palmas de glória que exibirão em suas mãos os inumeráveis remidos, que comparecerão perante o trono. Outras exibiam mais engenhosas e significativas inscrições.

—O que é isto? — interrompeu Marcellus, indicando o quadro de um barco.

—Mostra que o espírito remido navega da Terra até o repouso do Céu.

O MÁRTIR DAS CATACUMBAS

—E o que significa um peixe, que já vi várias vezes?

—Usamos o peixe porque as letras que formam seu nome em grego são as iniciais das palavras que expressam a glória e a esperança do cristão. O "Ι" (Iota) representa "Jesus", o "Χ" (chi), Cristo; o "Θ" (theta) e o "Υ" (gama) representam o "Filho de Deus"; o "Σ" (sigma), "Salvador". É assim, pois, que o peixe simboliza em seu nome: "Jesus Cristo, o Filho de Deus, o Salvador." ΙΧΘΥΣ

—O que é este outro quadro, que também vi repetir-se, de um barco e um enorme monstro marinho?

—Esse é Jonas, o profeta de Deus, de quem você até agora nada conhece.

Honorius, em seguida, relatou a história de Jonas e explicou como a fuga dele do ventre do peixe lembrava e mostrava ao cristão sua redenção das trevas do sepulcro.

—Esta gloriosa esperança da ressurreição é um consolo inenarrável — disse ele —, e adoramos tê-lo presente por meio dos diferentes símbolos. Ali também há um símbolo da mesma abençoada verdade: a pomba levando o ramo de oliveira a Noé. — Teve que relatar a Marcellus a história do dilúvio, a fim de que ele pudesse compreender o significado da representação. — Porém, de todos os símbolos que se usam, nenhum é tão claro como este — e indicou um quadro da ressurreição de Lázaro.

—Ali também — continuou Honorius — está a âncora, símbolo da esperança pela qual os cristãos, enquanto são atirados de um lado ao outro pelas implacáveis ondas da vida, se mantêm firmes rumo a seu lar celestial.

—Lá podes ver o galo; é o símbolo da vigilância, porque o Senhor nos disse: "Vigiai e orai" (MATEUS 26:41 E MARCOS 14:38). Igualmente lá temos o cordeiro, símbolo da inocência e ternura e ao mesmo tempo traz à nossa memória o Cordeiro de Deus, que levou nossos pecados e por cujo sacrifício recebemos a vida eterna e o perdão. Ali novamente temos a pomba, que como o cordeiro, representa a inocência; e também outra vez lá, levando o ramo de oliveira, símbolo da paz.

—Lá estão as letras alfa e ômega, a primeira e a última do alfabeto grego, que representam nosso Senhor, porque você já sabe que Ele disse: "Eu sou o Alfa e o Ômega" (APOCALIPSE 1:8,11; 21:6; 22:13). Há também a "coroa da justiça me está guardada, a qual o Senhor, reto juiz, me dará naquele Dia" (2 TIMÓTEO 4:8). É assim como nos convém rodear-nos com tudo o que nos aviva a lembrança do gozo que nos espera. Ensinados deste modo, olhamos deste ambiente de tristeza e trevas e, graças a uma viva fé, vemos sobre nós a luz da glória eterna.

—Aqui — disse Marcellus, detendo-se — vejo algo que parece adaptar-se à minha condição. Parece realmente profético. Talvez eu também seja chamado a dar meu testemunho por Jesus Cristo. Ó! que eu seja achado fiel!

"Em Cristo, no tempo do Imperador Adriano, Mário, um jovem oficial militar, que viveu o suficiente, derramou seu sangue por Cristo e morreu em paz. Esta é uma lembrança de seus amigos com lágrimas e temor."

—"No mundo, passais por aflições; mas tende bom ânimo; eu venci o mundo" (JOÃO 16:33). Assim nos assegura Cristo, mas ao mesmo tempo que nos previne contra o mal, consola-nos com Sua promessa de apoio. Nele achamos graça suficiente para nós.

—Que o exemplo do jovem oficial seja para mim! — disse Marcellus. — Como ele, também posso derramar meu sangue por Cristo Jesus. Que eu morra igualmente fiel! Morar aqui entre meus irmãos com epitáfio semelhante será a honra suprema e não um mausoléu como o de Cecília Metella.

E desse modo continuaram caminhando.

Marcellus disse com entusiasmo:

—Quão doce é a morte do cristão! O horror da morte fugiu. Para ele se trata só de um sonho bem-aventurado, enquanto o espírito está com o Senhor esperando a ressurreição, e a morte, em vez de causar terror, está associada a pensamentos de vitória e repouso.

"O lugar do sono de Elpis."

"Zótico jaz aqui dormindo."

"Aselo dorme em Cristo."

"Martíria dorme em paz."

"Vidália, na paz de Cristo."

"Nicéforo, uma alma doce, no lugar de refrigério."

—Algumas destas inscrições falam do caráter dos irmãos que partiram — disse, Honorius. — Olha estas:

"Maxímio viveu vinte e três anos, amigo de todos os homens em Cristo."

"Nas quintas calendas de novembro, dormiu Gregônio, amigo de todos e inimigo de ninguém."

—E aqui também — prosseguiu ele —, outras que nos falam de suas vidas privadas e de suas experiências domésticas:

"Cecílio, o marido, a Cecília Placinda, minha esposa de excelsa memória, com quem vivi dez anos sem nenhuma discussão, em Cristo Jesus, filho de Deus, Salvador."

"Consagrada a Cristo, o Deus supremo, Vitali, enterrada em sábado, calendas de agosto. Tinha vinte e cinco anos e oito meses de idade. Viveu com seu marido dez anos e trinta dias. Em Cristo, o primeiro e o último."

"A Domínia, minha muito doce e inocente esposa, que viveu dezesseis anos e quatro meses, e foi casada dois anos, quatro meses e nove dias: com quem, por causa de minhas

viagens, não pude viver mais de seis meses, durante os quais lhe mostrei meu amor como o sentia. Jamais se amaram tanto outros. Enterrada o dia quinze, antes das calendas de junho."

"A Cláudio, afetuoso e digno ser que me amou, e viveu vinte e cinco anos em Cristo."

—Eis aqui o tributo de um pai amoroso — disse Marcellus ao ler o seguinte:

"Lourenço, a seu docíssimo filho Severo. Foi levado pelos anjos no décimo terceiro dia de janeiro."

—E aqui tem um de uma esposa:

"Domício em paz, Lea registrou esta inscrição tumular."

—Sim — disse Honorius— pela fé em Jesus Cristo (ou como você diria "a religião"), o cristão recebe uma natureza nova e divina, que lhe transmite o Espírito Santo que nele implanta o amor de Deus, o qual o faz suscetível aos mais delicados afetos para os amigos e parentes.

Continuando seu trajeto, acharam ainda muitos outros epitáfios que mostravam o doce amor pelos parentes mortos.

"Constância, de maravilhosa amabilidade, e que viveu dezoito anos e seis meses e dezesseis dias. Constância em paz."

"Simplício, de boa e feliz memória, que viveu vinte e três dias em paz. Seu irmão construiu este monumento."

"A Adsertor, nosso filho, doce e querido, o mais inocente e incomparável, que viveu dezessete anos e seis meses e oito dias. Lembrança de seu pai e de sua mãe."

"A Januário, doce e bom filho, honrado e amado de todos, que viveu vinte e três anos, cinco meses e vinte e dois dias."

"Seus pais, a Laurina, mais doce que o mel, dorme em paz."

"À santa alma de Inocente, que viveu por três anos."

"Domiciano, uma alma inocente, dorme em paz."

"Adeus, ó Sabina: ela viveu oito anos, oito meses e vinte e dois dias. Que vivas tão docemente com Deus."

"Em Cristo, morreu nas calendas de setembro Pompejano, o inocente, viveu seis anos e nove meses com oito dias e quatro horas. Ele dorme em paz."

"A seu digníssimo filho Calpúrnio, lembrança de seus pais: ele viveu cinco anos, oito meses e dez dias, e partiu nas calendas de junho."

—Ao epitáfio deste menino — disse Marcellus —, eles acrescentaram os símbolos de paz e glória.

Indicou o sepulcro de uma criança, sobre cuja pedra estavam desenhadas uma pomba e uma coroa de louros, juntamente com a seguinte inscrição:

"Respecto, que viveu cinco anos e oito meses, dorme em paz."

E Marcellus continuou falando:

—E este tem um ramo de palma, o símbolo da vitória.

—Sim — acrescentou Honorius — o Salvador disse: "Deixai os pequeninos, não os embaraceis de vir a mim" (MATEUS 19:14; MARCOS 10:14; LUCAS 18:16).

Também atraíram sua atenção os epitáfios sobre os sepulcros das mulheres que haviam sido esposas de ministros cristãos:

"Minha esposa Laurentina me fez este sepulcro. Ela sempre idônea a minha disposição, venerável e fiel."

"Finalmente fora esmagada a inveja. O bispo Leon sobreviveu seu octagésimo ano."

"O lugar de Basílio, o presbítero, e sua Felicitas. Eles prepararam para si mesmos este túmulo."

"A que foi a feliz filha do presbítero Gabino. Aqui repousa Susana, unida em paz com seu pai."

"Cláudio Aticiano, leitor, e Cláudia Felicíssima, sua esposa."

—Aqui se vê — disse Marcellus, um túmulo maior. — Há duas pessoas sepultadas aqui?

—Sim, é o que chamamos *bisomum*, pois dois ocupam esse túmulo. Lê a inscrição:

"O *bisomum* de Sabino. Ele o fez para si mesmo durante sua vida no cemitério de Balbina na nova cripta."

E Honorius continuou dizendo:

—Algumas vezes se sepultam três num mesmo túmulo. Em outros lugares você vai ver que um maior número foi sepultado num mesmo lugar. Porque quando aumenta a perseguição, nem sempre existe a possibilidade de dedicar a cada pessoa a atenção devida, separadamente, como desejaríamos. Mais para lá, há uma placa que assinala o lugar de sepultura

de muitos mártires, cujos nomes são desconhecidos, mas cujas memórias se abençoam.

E indicou uma pedra em que havia a seguinte inscrição:

"Marcela e quinhentos e cinquenta mártires de Cristo."

—Aqui tem um mais longo — disse Marcellus, e suas palavras podem ecoar nos corações de todos nós.

E leram o seguinte com a mais profunda emoção:

"Em Cristo. Alessandro não está morto, mas vive além das estrelas, e seu corpo repousa neste túmulo. Ele terminou sua vida sob o Imperador Antonino, que embora pudesse ter previsto que grande benefício lhe resultaria de seus serviços, só lhe ofereceu ódio em vez de graça, porque enquanto estava sobre seus joelhos, já para oferecer sacrifício ao Deus verdadeiro, foi tirado para ser executado. Ó, tempos tristes aqueles nos quais ainda entre os ritos e orações sagradas, nem ainda nas cavernas podíamos estar seguros! O que pode ser mais miserável que tal vida? E que morte é pior do que aquela em que não podem nem sequer ser sepultados pelos amigos e parentes? No fim eles brilham no céu. Apenas viveu quem viveu em tempos cristãos."

—Este — disse Honorius — é lugar de repouso de um irmão bem-amado, cuja memória ainda é lembrada entre todas as igrejas. Em volta desta tumba viemos celebrar uma festa de amor no aniversário de seu nascimento. Pois nesta festa são demolidas todas as barreiras das diferentes categorias sociais, classes, tribos, línguas e povos. Nós todos somos irmãos em Cristo Jesus, porque lembramos que como Cristo nos amou, assim também devemos amar-nos uns aos outros.

Nesse trajeto, Marcellus teve grande oportunidade de verificar por si mesmo a presença daquele fraternal amor ao qual se referia Honorius. Encontrou homens, mulheres e crianças de todas as classes e de todas as idades. Homens dos mais elevados postos romanos, associavam-se em amigável comunhão com aqueles que apenas estavam no nível dos escravos; aqueles que antes haviam sido cruéis e implacáveis perseguidores, agora se juntavam em comunhão de amor com aqueles que antes foram objeto de seu ódio. Igualmente, o sacerdote judeu, libertado do jugo da Lei, que não podia cumprir e que era "ministério de morte" para ele, agora caminhava de mãos dadas com os gentios que antes odiava. O grego havia chegado a descobrir, na "loucura" do Evangelho, a mesma sabedoria infinita. E o desprezo, que antes havia sentido pelos seguidores de Jesus, cedera espaço ao afeto mais intenso. O egoísmo e a ambição, o orgulho e a inveja, todas as baixas paixões da vida humana pareciam ter-se desfeito diante do poder ilimitado do amor cristão. A fé em Cristo Jesus morava em seus corações, em toda sua plenitude e sua bendita influência via-se aqui, como não era possível vê-la

em nenhuma outra ocasião. Não porque sua natureza e seu poder tivessem sido mudados por eles, pessoal e intencionalmente, mas porque a perseguição universal havia alcançado a todos por igual e os havia privado de seus bens terrenos, separando-os das tentações e ambições mundanas e, pela suprema empatia do sofrimento em comum, os forçara a unirem-se uns aos outros.

—A adoração ao Deus verdadeiro — disse Honorius — difere de toda falsa adoração. Os pagãos devem entrar em seus templos e lá, por meio de sacerdotes impuros, oferecer repetidas vezes os seus sacrifícios aos demônios, que obviamente jamais poderão libertá-los de seus pecados. Contudo, Cristo se ofereceu uma só vez por todos nós, sem mácula perante Deus; o sacrifício único feito uma única vez e para sempre. E cada um de Seus seguidores pode agora se aproximar de Deus por meio de Jesus Cristo, nosso bendito e santíssimo Sumo Sacerdote nos próprios Céus. Sendo assim, cada cristão é constituído rei e sacerdote por Jesus Cristo, na presença de Deus. Consequentemente, para nós não é questão de tempo ou espaço, no que diz respeito à adoração; quer nos deixem em nossas capelas, ou nos proscrevam completamente delas e de toda a Terra. Pois a oração é o trono de nosso Deus e o Universo é Seu templo, e qualquer de Seus filhos pode elevar a Ele sua voz do lugar onde se encontre, qualquer que seja, e em qualquer momento, para adorar ao Pai.

A travessia de Marcellus se estendeu até uma grande distância e por longo tempo. Apesar de ter sido prevenido desta extensão, maravilhava-se ao ver por si mesmo a sua vastidão.

Nem a metade haviam-lhe dito. E embora tivesse percorrido tanto, era fácil compreender que tudo isso significava apenas uma fração da enorme extensão.

A altura média dos corredores era de aproximadamente dois metros e meio; porém, em muitos lugares, elevava-se até uns quatro ou cinco metros. Depois, as frequentes capelas e salões que haviam formado ampliando os arcos, davam maior espaço aos habitantes e lhes possibilitava viver e deslocar-se com maior liberdade. Em muitos lugares havia aberturas estreitas no teto, através das quais penetravam leves raios de luz do exterior. Estes eram escolhidos como lugares de descanso, mas não para viver. A existência da bendita luz do dia, por fraca que fosse, agradava tanto que era impossível de expressar, servindo por brevíssimos instantes para aliviar a escuridão circundante.

Marcellus viu alguns lugares que haviam sido amurados, formando terminações abruptas do corredor, ao mesmo tempo em que se abriam outras espécies de ramais que contornavam o lugar e depois se prolongavam como anteriormente.

—O que é isso que termina assim? — perguntou.

—É uma grande tumba romana — disse Honorius. — Ao escavar este corredor, os operários deram contra ela e assim foi que pararam de escavar e contornaram o lugar, amurando-a previamente. Isso não foi, naturalmente, por temerem perturbar o túmulo, mas porque tanto na morte como na vida, o cristão deseja seguir o mandamento do Senhor que diz: "retirai-vos do meio deles, separai-vos" (2 CORÍNTIOS 6:17).

—A perseguição se enfurece contra nós, nos rodeia e nos encarcera — disse Marcellus. — Por quanto tempo será perseguido o povo de Deus? Por quanto tempo vai nos afligir o inimigo?

Honorius respondeu:

—Tal é o clamor de muitos entre nós. Mas não é errado reclamar. O Senhor tem sido benigno com Seu povo. Pois durante todo o Império passaram muitas gerações sob a proteção das leis e sem serem incomodadas. É verdade que tivemos perseguições terríveis, nas quais milhares morreram em agonia, contudo elas sempre acabaram e a Igreja foi deixada em paz.

—"Não vos sobreveio tentação que não fosse humana; mas Deus é fiel e não permitirá que sejais tentados além das vossas forças; pelo contrário, juntamente com a tentação, vos proverá livramento, de sorte que a possais suportar" (1 CORÍNTIOS 10:13). Sejamos sóbrios e vigiemos em oração, ó, estimado Marcellus, porque a presente tormenta nos diz claramente que o dia grande e terrível, tanto tempo antes profetizado sobre o mundo, se aproxima.

E assim Marcellus seguiu andando em companhia de Honorius, conversando e aprendendo a cada instante novas coisas da doutrina da verdade de Deus e as experiências de Seu povo. E as evidências de seu amor, sua pureza, sua fortaleza, sua fé inquebrantável, penetraram nas profundezas de sua alma.

A experiência que ele mesmo havia desfrutado não era transitória. Cada nova visão fortalecia seu desejo de unir-se com a fé e a sorte do povo de Deus. E em harmonia com esse sentir, antes do seguinte Dia do Senhor, batizou-se "na

morte de Cristo" (ROMANOS 6:4), no nome do Pai, do Filho e do Espírito Santo (MATEUS 28:19).

Na manhã do Dia do Senhor, sentou-se em volta da Mesa do Senhor, em companhia dos outros cristãos. Ali, todos eles celebraram aquela simples, mas afetuosa festa em memória da Ceia do Senhor, pela qual os cristãos se proclamavam mortos com Jesus, enquanto aguardavam Seu regresso. Honorius elevou a oferta de uma oração em ação de graças pelo que partilhavam. E, pela primeira vez, Marcellus desfrutou da participação do pão e do vinho, aqueles símbolos sagrados do Corpo e do sangue de Seu Senhor crucificado.

"E, tendo cantado um hino, saíram" (MATEUS 26:30, MARCOS 14:26).

7
A CONFISSÃO DE FÉ

Ora, todos quantos querem viver piedosamente em Cristo Jesus serão perseguidos.

(2 TIMÓTEO 3:12)

Quatro dias haviam transcorrido desde que o jovem oficial saíra de seu gabinete. Dias estes, cheios de acontecimentos para ele, dias cheios de infinita importância. Deles dependeria sua felicidade suprema ou suas angústias. Porém a busca da verdade desta alma cheia de desejo não fora em vão, ela foi "renovada no Espírito Santo" (TITO 3:5).

Ele tomara sua resolução. Por um lado, se lhe oferecia a fama, a honra e a riqueza e, do outro, a pobreza, a necessidade e a angústia; contudo, em plena consciência, ele fizera

sua escolha; havia-se voltado para a última sem um único instante de hesitação. Ele havia escolhido "ser maltratado junto com o povo de Deus a usufruir prazeres transitórios do pecado" (HEBREUS 11:25).

Quando do seu regresso visitou o general e se apresentou perante ele. Informou-lhe que havia estado entre os cristãos, que não podia cumprir a tarefa que lhe haviam encomendado e que se submetia, voluntariamente, a sofrer as consequências. O general, com severidade, ordenou-lhe que retornasse para os seus aposentos.

Ali, em meio à mais profunda meditação, e fazendo conjecturas do que resultaria de tudo isso, foi interrompido pela entrada de Lucullus. Seu amigo o cumprimentou muito afetuosamente, mas em seu rosto se evidenciava uma profunda ansiedade.

—Acabo de encontrar-me com o general — disse ele — que me fez chamar para dar-me uma mensagem para ti. Porém, primeiramente, diz-me: o que fizeste?

Marcellus lhe relatou tudo detalhadamente, desde o momento de sua partida até sua volta, sem ocultar-lhe absolutamente nada. Sua cristalina boa fé evidenciava quão poderosa, sincera e verdadeira havia sido a obra eterna do Espírito Santo nele. Depois contou a entrevista que tivera com o general.

—Entrei na casa dele com o claro sentimento da importância do passo que dava. Ia cometer um ato reputado como virtual traição e crime e cuja sanção não é menos que a morte. Porém, eu não podia fazer outra coisa.

—Ele me recebeu amavelmente, animado pela ideia de que eu tivesse conseguido um êxito importante na busca que me haviam encomendado. Eu lhe disse que desde que saí, estivera entre os cristãos e que pelo que havia visto deles, me sentia obrigado a mudar meus sentimentos para com eles. Anteriormente, eu pensava que eram inimigos do Estado e dignos de morte. Porém, descobrira que eram súditos leais do Imperador e muito virtuosos. Contra tais pessoas não poderia estender minha espada jamais, e, antes de fazê-lo, a entregava.

—Diante do que, ele me disse: "Os sentimentos de um soldado não têm nada a ver com seus deveres". Porém meus deveres para com o Deus que me criou são mais fortes do que qualquer dever que eu tenha com o homem, respondi-lhe.

—A isto, ele replicou: "Acaso tua simpatia pelos cristãos chegou a enlouquecer-te? Não percebes que o que estás fazendo é traição?"

—Eu me inclinei e respondi que estava decidido a enfrentar as consequências. "Menino precipitado" — exclamou ele severamente, "volta para os teus aposentos e comunicar-te-ei minha decisão".

—E assim foi que me mudei para este lugar, onde permaneci desde aquele momento, esperando ansiosamente minha sentença.

Lucullus ouvira toda a narração de Marcellus sem dizer palavra, nem sequer fazer um gesto. Uma expressão de triste surpresa em seu rosto evidenciava quais eram os seus sentimentos. E assim que Marcellus concluiu, falou num tom de quem deplora e lamenta.

—Verdadeiramente tanto tu como eu sabemos qual deverá ser aquela sentença. Pois a disciplina romana, mesmo em tempos normais, não pode ser tomada com leviandade e tanto pior agora que os sentimentos do governo estão exaltados ao extremo contra aqueles cristãos. Pois, se insistires em teu proceder, estarás arruinado.

—Eu te expus todas as minhas razões.

—Sim, Marcellus, conheço teu caráter puro e sincero. Sempre foste de uma mente piedosa. Amaste os nobres ensinos da filosofia. E não te sentes satisfeito com tudo isso como antes? Por que deverias ser seduzido pela miserável doutrina de um judeu crucificado?

—Jamais estive satisfeito com a filosofia de que me falas. Tu mesmo tens consciência de que não há nela nada de verdade em que a alma possa repousar. Mas o cristianismo é a verdade de Deus, trazida por Ele mesmo e santificada pela Sua própria morte.

—Já me explicaste na íntegra todo o credo cristão. Pois teu próprio entusiasmo fez com que me parecesse atraente, devo confessar; e se todos Seus seguidores fossem realmente como tu és, meu querido Marcellus, poderia vir a ser a bênção final do mundo. Mas não vim aqui para argumentar sobre a religião. Venho falar sobre ti mesmo. Estás em iminente perigo, meu querido amigo; tua posição, tua honra, teu cargo, tua própria vida estão em perigo. Considera pois o que cometeste. Foi-te confiada uma importantíssima missão, em cujo cumprimento saíste. Esperava-se que voltasses trazendo informes importantes. Pelo contrário, tu voltas e te

apresentas perante o general informando que agora pertences ao bando do inimigo, que te converteste num deles de todo coração e que te negas a utilizar as armas romanas contra eles. Então, não compreendes que se o soldado pudesse escolher com quem vai lutar, o que seria disciplina? Pois deves cumprir ordens e nada mais. Não tenho razão?

—É, tens razão, Lucullus.

—A questão que tens que decidir não é se escolhes a filosofia ou o cristianismo, mas se és cristão ou soldado romano. Porque da maneira como estão as coisas nestes tempos, é absolutamente impossível ser soldado romano e ao mesmo tempo cristão. Então, deves renunciar a uma das duas escolhas. Mas não somente isso: se insistires em tua decisão de ser cristão, deverás compartilhar tua sorte com eles, porque não pode se fazer a menor distinção em teu favor. Pelo contrário, se desejas continuar como soldado, deves lutar contra os cristãos.

—Não cabe a menor dúvida quanto a essa questão.

—Sabes que tens amigos cordiais que estão prontos para esquecer teu grande e precipitado delito, Marcellus. Pois te conheço e sei que tens esse caráter que facilmente se entusiasma, e supliquei ao general por ti. Ele também te tem em grande estima pelas tuas qualidades de soldado valente. Estará pronto a perdoar-te sob certas circunstâncias.

—Quais são elas?

—A mais misericordiosa de todas as condições. Que deixes no esquecimento todos os quatro dias passados. Que se apaguem por completo de tua memória. Retoma tua missão.

Toma teus soldados sob tuas ordens e imediatamente cumpre teu dever, procedendo à detenção desses cristãos.

—Lucullus — exclamou Marcellus, levantando-se de seu assento, com os braços cruzados. — Estimo-te muitíssimo, como amigo que és, e estou agradecendo teu fiel afeto. Jamais poderei esquecê-lo. No entanto, agora tenho dentro de mim algo que lhe é completamente desconhecido, o qual é muito mais precioso e forte do que todas as honras do Estado. Trata-se, pois, nada menos que do amor de Deus. Por esse amor estou disposto a deixar tudo: honra, posição e a própria vida. Minha decisão é irrevogável. Eu sou cristão.

Lucullus continuou sentado. Mudo de surpresa e comovido ao extremo, contemplava seu amigo. Para ele, era muito conhecido o caráter de Marcellus em suas resoluções e via com profunda dor como suas palavras persuasivas haviam fracassado. Depois de muito tempo voltou a falar. Recorreu a todos os argumentos que podia imaginar. Invocou todas as razões que poderiam influenciá-lo. Falou-lhe do terrível destino que o aguardava e da vingança peculiar que se empregaria particularmente contra ele. Mas todas as suas palavras foram completamente inúteis. Finalmente se levantou em profunda tristeza.

—Marcellus, — disse — estás tentando o destino, vais apressadamente rumo à sorte mais terrível. Pois tudo o que a fortuna pode significar está diante de ti, e lhe dás as costas para jogar tua sorte juntamente com aqueles proscritos miseráveis. Cumpri com meu dever de amigo de tentar fazer-te voltar da loucura, mas tudo que eu posso fazer é inútil, perante tua obstinação.

—Eu te trouxe a sentença do general. Foste rebaixado da categoria de oficial. Como cristão a tua sentença é a prisão. Amanhá serás capturado e entregue para a punição. Mas tens muitas horas a tua disposição e ainda tenho a possibilidade de alcançar a satisfação, embora penosa, de ajudar-te a escapar. Foge, pois, agora mesmo. Apressa-te, porque não há tempo a perder. Há somente um único lugar no mundo onde podes estar a salvo da vingança do César.

Marcellus o escutou em silêncio. Lentamente retirou suas esplêndidas armas e as colocou ao lado. Com tristeza, desatou a suntuosa armadura que levava com tanto merecimento e orgulho. E assim ficou vestido com sua simples túnica, perante seu amigo.

—Lucullus, mais uma vez te repito que jamais esquecerei tua fiel amizade. Quanto desejo que estivéssemos voando juntos numa fuga perfeita, que tuas orações pudessem subir como as minhas para o trono daquele que sirvo! Porém, chega; retiro-me. Adeus!

—Adeus, Marcellus. Jamais voltaremos a nos encontrar em vida. Se alguma vez estiveres em necessidade ou em perigo, sabes muito bem em quem confiar.

Os dois jovens se abraçaram e Marcellus partiu apressadamente.

Saiu do quartel, avançando diretamente até chegar ao Fórum. Naquele lugar, encontrou-se rodeado de templos, monumentos e colunas de mármore. Ali estava o Arco de Tito, abarcando a Via Sacra. Ali se levantava a forma gigantesca do palácio imperial, da mais rica arquitetura, com

régios adornos gloriosos de mármores preciosos, culminando com as cintilantes decorações douradas. De um lado se levantavam as muralhas imensas do Coliseu. Além delas, podia contemplar-se a cúpula estupenda do Templo da Paz e no outro extremo, o Monte Capitolino destacava seus históricos cumes, coroado de apinhados templos estatais, que se erguiam como desafiando as alturas e contra o céu.

Para lá dirigiu seus passos e escalou o paredão até o topo da montanha. Lá no topo, olhou em volta o amplo panorama a sua vista. O lugar mesmo onde estava era um espaçoso quadrado, pavimentado de mármore e rodeado de templos senhoriais. A um lado via-se o Campus Martius, rodeado pelo Tíber, cuja as torrentes amarelas feriam as distâncias até atingir o Mediterrâneo. Por todos os outros lados da cidade, monopolizava toda a extensão desigual, forçando até suas estreitas muralhas e superando-as por meio de ruas, que se ramificavam até grande distância em todas as direções, invadindo o campo. Os templos, as colunas e os monumentos levantavam suas cornijas. Inúmeras estátuas enchiam as ruas com formas esculturais, numerosas fontes borrifavam o ar, as carruagens rodavam barulhentas pelas ruas, as legiões de Roma iam e vinham com ares de desfile militar, e em todos os lados surgiam as intempestivas ondas na vida da cidade imperial.

Ao longe se estendia a planície, salpicada de incontáveis vilas, casas e palácios, de uma rica e exuberante vegetação; as moradas da paz e da abundância. De um lado podia se ver a silhueta azul do Apeninos, coroados de neve; do outro lado,

as turbulentas e escuras ondas do Mediterrâneo açoitavam as praias da indomável distância.

Repentinamente Marcellus ficou perturbado, ou melhor ainda, trazido de volta a si mesmo por um grito. Voltou-se de imediato. Um homem avançado em anos e coberto de escassa vestimenta, de rosto macilento e gesticulação frenética clamava aos gritos, expressões ininteligíveis de terror e denúncia. Seu olhar selvagem e suas atitudes ferozes evidenciavam que, ao menos aparentemente, estava louco.

Caiu! Caiu a grande Babilônia e se tornou morada de demônios, covil de toda espécie de espírito imundo e esconderijo de todo gênero de ave imunda e detestável (APOCALIPSE 18:2).

Porque os seus pecados se acumularam até ao céu, e Deus se lembrou dos atos iníquos que ela praticou. Dai-lhe em retribuição como também ela retribuiu, pagai-lhe em dobro segundo as suas obras... (APOCALIPSE 18:5-6).

O quanto a si mesma se glorificou e viveu em luxúria (APOCALIPSE 18:7).

Por isso, em um só dia, sobrevirão os seus flagelos: morte, pranto e fome; e será consumida no fogo, porque poderoso é o Senhor Deus, que a julgou. Os lamentos dos admiradores de Babilônia Ora,

chorarão e se lamentarão sobre ela os reis da terra,
que com ela se prostituíram e viveram em luxúria,
quando virem a fumaceira do seu incêndio, e, con-
servando-se de longe, pelo medo do seu tormento,
dizem: Ai! Ai! Tu, grande cidade, Babilônia, tu,
poderosa cidade! Pois, em uma só hora, chegou o
teu juízo (APOCALIPSE 18:8-10).

Os mercadores destas coisas, que, por meio dela, se
enriqueceram, conservar-se-ão de longe, pelo medo
do seu tormento, chorando e pranteando, dizendo:
Ai! Ai da grande cidade, que estava vestida de
linho finíssimo, de púrpura, e de escarlata, ador-
nada de ouro, e de pedras preciosas, e de pérolas,
porque, em uma só hora, ficou devastada tamanha
riqueza! E todo piloto, e todo aquele que navega
livremente, e marinheiros, e quantos labutam
no mar conservaram-se de longe. Então, vendo a
fumaceira do seu incêndio, gritavam: Que cidade
se compara à grande cidade? Lançaram pó sobre a
cabeça e, chorando e pranteando, gritavam: Ai! Ai
da grande cidade, na qual se enriqueceram todos
os que possuíam navios no mar, à custa da sua
opulência, porque, em uma só hora, foi devastada!
Exultai sobre ela, ó céus, e vós, santos, apóstolos
e profetas, porque Deus contra ela julgou a vossa
causa (APOCALIPSE 18:15-20).

Uma vasta multidão se reuniu em volta dele, confusa e surpresa e apenas cessara de falar, quando apareceram alguns soldados e o levaram.

"Sem dúvida é algum pobre cristão, que por causa do sofrimento perdeu a razão", pensou Marcellus. E enquanto o homem era levado, continuava a clamar suas terríveis denúncias e uma grande multidão o seguiu, gritando e zombando. O barulho não demorou em perder-se na distância.

"Não há tempo a perder. Devo ir embora", Marcellus disse a si mesmo, e partiu.

8
A VIDA NAS CATACUMBAS

*Ó, trevas, trevas, trevas no ardor
do sol do meio-dia,
Escuridão irrevogável, eclipse total,
Sem esperança alguma de que
chegue o dia!*

Com lágrimas de alegria, deram-lhe as boas-vindas pela sua volta às Catacumbas. Com vivo entusiasmo ouviram as referências de suas entrevistas com seus superiores; e ao mesmo tempo que partilhavam sua compreensão de suas dificuldades, regozijavam-se de que tivesse sido digno de sofrer por Cristo.

Em meio a todo este novo ambiente, aprendia mais da verdade a cada dia e igualmente contemplava o que deviam sofrer os seguidores do Senhor. A vida das Catacumbas abriu

ante ele, sem a menor reserva, todos os seus maravilhosos e variados segredos.

A vasta multidão que morava nas entranhas da terra recebia provisões, graças à sua permanente comunicação com a hostil cidade de cima. Essas operações se realizavam à noite. Esta ousada e perigosa tarefa era cumprida pelos homens mais resolutos, que se ofereciam voluntariamente por isso. Algumas vezes também as mulheres, e até mesmo os meninos realizavam estas tarefas, sendo um dos mais sagazes o pequeno Pollio, cujos méritos eram dignos do louvor dos seus. Entre a numerosa população da cidade de Roma, não era difícil passar desapercebido e assim as provisões não escasseavam. Contudo, havia vezes, a jornada terminava em fatalidade e os corajosos aventureiros jamais retornavam.

Contavam com abundante provisão de água no extremo inferior dos corredores. Ali dispunham de poços e fontes de aprovisionamento suficientes para todas as suas necessidades.

Era também na noite que se realizavam certas expedições, as mais tristes de todas. Essas consistiam na busca dos corpos daqueles que haviam sido despedaçados pelas feras selvagens ou queimados nas piras. Estes despojos bem-amados eram resgatados às custas dos maiores perigos e transportados em meio à milhares de riscos. Em seguida, os parentes e amigos dos mortos celebravam os simples serviços fúnebres, como também a festa na qual os sepultavam.

Depois de tudo isso costumavam depositar os restos em sua estreitíssima tumba, cobrindo-a com a correspondente pedra de mármore, onde se gravava o nome do ocupante.

Aqueles primitivos cristãos, vivamente inspirados pela gloriosa doutrina da ressurreição, olhavam para o futuro com a mais ardorosa esperança da chegada do momento em que, a corrupção haveria de ser absorvida pela incorrupção e o mortal pela imortalidade. Não desejavam que os seus corpos, que tão sublime destino aguardavam, fossem reduzidos a cinzas, chegando a pensar que as sagradas chamas funerárias eram uma desonra ao templo de Deus, que tanto favor recebera das alturas celestiais. Assim os estimados corpos dos mortos eram trazidos para serem retirados das vistas dos homens, onde nenhuma mão irreverente poderia perturbar a solene quietude do seu último repouso, para ali permanecerem. Um lugar onde haviam de jazer "até a última trombeta" (1 CORÍNTIOS 15:52), desse chamado que a Igreja primitiva esperava com ansiedade diariamente. Na cidade de cima, o cristianismo aumentava nas gerações sucessivas. Durante todo o tempo transcorrido, os mortos haviam ingressado ali em proporções cada vez maiores, de forma tal que agora as Catacumbas constituíam uma vasta cidade de mortos. Ali, os silenciosos moradores dormiam em filas inúmeras, uma após outra, esperando até que se ouvisse a aclamação do Senhor, chamando a congregar-se o povo lavado com seu sangue, "num momento, num abrir e fechar de olhos" (1 CORÍNTIOS 15:52), a encontrar o Senhor no ar.

Em muitos lugares haviam derrubado as arcadas, a fim de elevar o teto para formar habitações. Nenhum deles era espaçoso, mas apenas recintos com mais espaço onde os fugitivos podiam reunir-se em assembleias maiores, podendo,

ao mesmo tempo, respirar com alívio. Ali passavam a maior parte do tempo e também realizavam suas assembleias de fraterna comunhão.

Sua situação se explica pela natureza dos tempos em que viveram. As simples virtudes da velha república eram história e a liberdade havia fugido para sempre do território. A corrupção havia se apossado do império e subjugado tudo sob sua dormente influência. Conspirações, rebeliões, traições e greves açoitavam sucessivamente o Estado. Mas o povo, vítima de tudo, permanecia à distância, em silêncio. Eles viam sofrer os valentes dos seus e morrer os mais nobres, sem sequer se comover. O generoso coração e espírito de fogo, não mais se levantava. Somente as paixões mais baixas despertavam seus sentimentos degenerados. Neste cenário, a verdade de Jesus Cristo impôs-se valentemente, e entre inimigos tão grandes era necessário lutar e abrir espaço entre os obstáculos para progredir lenta, porém firmemente. Aqueles que se alistaram sob sua bandeira não tinham vida fácil diante deles. O som da trombeta não era de incerteza. O conflito era severo e comprometia o nome, a fama, a fortuna, amigos e a vida — tudo aquilo que é tão querido para o ser humano. Assim, o tempo seguia sua marcha. Se era certo que os seguidores da verdade aumentavam em número, também o vício intensificava seu poder e malignidade; o povo afundou, em profunda corrupção e o Estado era arrastado à ruína mais definitiva.

Foi então que se levantaram aquelas terríveis perseguições, cujo objetivo era extirpar da terra os últimos vestígios do cristianismo. A terrível provação esperava o cristão, que

resistia ao decreto imperial; aos que a seguiam, a ordem da Verdade era inexorável; uma vez tomada a decisão, era irrevogável. Às vezes, acontecia que tomar a decisão de tornar-se cristão equivalia a aceitar uma morte instantânea, ou, pelo menos, ser expulso da cidade, proscrito dos prazeres normais do lar e da luz do dia.

Os corações dos romanos foram endurecidos e seus olhos, cegados. Nada podia causar sua piedade; nem a inocência da infância, nem a pureza feminina, nem a nobreza do homem, nem a reverência pelos cabelos brancos do ancião, nem a fé irremovível, nem o amor triunfante sobre a morte. Não viam a escura irremovível nuvem de desolação que pendia sobre a cúpula do império, ou sabiam que de sua fúria somente poderiam ser salvos por aqueles a quem perseguiam.

Porém, na plena vigência desse reino de terror, as Catacumbas abriram suas portas diante dos cristãos, qual uma cidade de refúgio. Ali repousavam os ossos de seus antecessores, que de geração em geração haviam lutado pela verdade e o pó de seus corpos esperava, aqui, pelo grito da ressurreição. Ali traziam seus amados parentes, conforme um a um iam deixando-os para voar às alturas. Até aqui, o filho havia trazido, nos ombros, o corpo de sua velha mãe e o progenitor havia visto seu filho depositado no sepulcro. Eles traziam piedosamente os mutilados despojos daqueles, que pela sua fé haviam sido despedaçados pelas feras selvagens na arena; os corpos chamuscados dos que foram entregues às chamas, ou ainda os consumidos corpos dos mais infelizes de todos, que haviam exalado o último suspiro de sua vida, após a longa

agonia, própria da morte, por crucificação. Cada um dos cristãos tinha algum amigo ou parente, cujo corpo ali jazia. O próprio chão era santificado, e também o ar. Não se podia estranhar, pois, que procurassem refúgio e segurança em um lugar semelhante.

Nessas habitações subterrâneas, sobretudo, haviam encontrado seu único lugar de refúgio contra a inflamada perseguição. Naquele tempo, não podiam procurar auxílio em países estrangeiros ou além dos mares, porque para eles não existiam países de refúgio e não havia terra do outro lado dos mares, na qual tivessem a menor esperança. O poder imperial de Roma mantinha preso em suas poderosas garras todo o mundo civilizado. Seu tremendo sistema policial se estendia por todas as terras e ninguém podia escapar de sua implacável ira. Seu poder era tão irresistível, que desde o nobre mais elevado até o escravo mais humilde, todos eram igualmente súditos de Roma. Nenhum Imperador destronado poderia fugir de sua vingança, nem sequer se podia esperar semelhante saída. Quando Nero caiu, o máximo que conseguiu fazer foi ir até uma vila próxima e suicidar-se. Porém, aqui embaixo, nesses infinitos labirintos, ainda o poder de Roma não tinha valor algum, pois seus burlados emissários vacilavam em sua entrada.

Nesses providenciais refúgios, os cristãos permaneciam, povoando densamente as inumeráveis passagens e grutas. De dia se reuniam para trocar entre si palavras de consolação e alento, ou também para partilhar condolências por um novo mártir. Pelas noites, despediam os mais ousados dentre eles

em desesperadas empreitadas para trazer notícias do mundo exterior ou para trazer os corpos ensanguentados de algumas novas vítimas. No transcurso de diferentes perseguições, eles viviam tão seguros ali, que embora milhões tivessem perecido por todo o vasto império, o genuíno poder do cristianismo em Roma fora apenas levemente sacudido.

Deste modo, foi garantida sua segurança e preservada a sua vida, mas, sob que condições? Porventura, o que é a vida sem luz, e a segurança do corpo naquelas úmidas trevas que deprimem a alma? A natureza física do homem estremece diante de tal destino e seu delicado organismo não demora em perceber a falta daquele sutil princípio renovador, tão estreitamente vinculado somente com a luz. Uma a uma as funções do corpo perdem sua harmonia e energia. Esse enfraquecimento do corpo afeta a mente, predispondo-a à tristeza, à apreensão, à dúvida e ao desespero. Não deixa de ser uma grande honra para o homem manter-se firme e fiel sob tais circunstâncias, do que oferecer sua vida em heróica morte na arena, ou ter morrido ardendo resolutamente na pira. Ali, onde as mais densas sombras das trevas envolviam em mortalha os cativos, foi onde estes enfrentaram com valor supremo a mais dura das provas. A valente presença de ânimo sob a perseguição era admirável, contra a perseguição, misturou-se com tais horrores, e tornou-se sublime.

As rajadas de ar gelado, que sempre percorriam estes labirintos, gelavam até os ossos, mas não traziam o ar renovado da superfície, os pisos, as muralhas e os tetos estavam cobertos de restos imundos de vapores úmidos, que sempre

circulavam; pois a atmosfera estava espessa pelas exalações impuras e miasmas venenosos; a densa fumaça das tochas, sempre acesas, podem ter mitigado os ares nocivos, mas oprimia os moradores com sua influência, que além de cegar, sufocava. Contudo, em meio deste acúmulo de horrores, a alma do mártir se mantinha firme e impassível sem render-se. O revivido espírito que resistia a tudo isso, erguia-se a proporções nunca outrora alcançadas, nem nos mais orgulhosos dias da velha república. A energia de Régulo, a devoção de Curtio, a constância de Brutus, foram aqui superadas não somente pelos homens fortes, mas pela virgem sensível e pela frágil criança.

Assim, sem se renderem diante do mais cruel dos poderes de perseguição, estes homens prosseguiram, o bom, o puro de coração, o bravo e nobre. Para eles, a morte tinha dez horrores ou aquela pavorante vida na morte a qual eles eram obrigados a suportar nas regiões sombrias dos mortos. Eles sabiam o que lhes esperava, e o aceitaram completamente. Desciam ali, voluntariamente, levando com eles tudo o que era mais precioso à alma do homem e tudo sofriam pelo grande amor com que haviam sido amados e ainda o eram.

Os constantes esforços, que faziam para diminuir a intensidade das trevas de sua moradia, ficou visível em volta das muralhas. Em alguns lugares elas estavam cobertas de estuque branco e, em outras, adornadas com quadros. Mas nunca com mortais endeusados para adoração idolátrica, mas simplesmente monumentos de lembrança daqueles grandes heróis antigos da verdade, "os quais, por meio da fé, subjugaram reinos, praticaram a justiça, obtiveram promessas,

fecharam a boca de leões, extinguiram a violência do fogo, escaparam ao fio da espada, da fraqueza tiraram força, fizeram-se poderosos em guerra, puseram em fuga exércitos de estrangeiros" (HEBREUS 11:33,34). Se nessas horas de angústia e amargura necessitavam buscar cenas ou pensamentos que pudessem aliviar-lhes suas almas e inspirá-los com novas forças para o futuro, não podiam ter achado outros objetos mais indicados em que inspirar-se, de tanto valor e de tão profundo consolo.

Tais eram os ornamentos das capelas. Os únicos móveis que continham eram uma simples mesa de madeira, sobre a qual colocavam o pão e o vinho da Ceia do Senhor, os símbolos do corpo e do sangue de Seu Senhor crucificado.

O cristianismo lutava há muito tempo contra a corrupção. Por conseguinte, não deve surpreender que a Igreja tenha contraído algumas marcas por seu contato demasiado estreito com seu inimigo, ou que tenha carregado algumas delas ao seu lugar de refúgio. Todavia, se praticavam algumas variações com relação ao modelo apostólico, estas eram muito triviais e todas podiam passar desapercebidas, caso não abrissem espaço para outras maiores. Apesar de tudo isso, as doutrinas essenciais do cristianismo não sofreram a menor contaminação, nem mudança alguma. A culpa do homem, a misericórdia do Pai, a expiação do Filho, a habitação do Espírito Santo, a salvação pela fé no Redentor, o valor de Seu precioso sangue, Sua ressurreição física e a bem-aventurada esperança de Seu regresso — todas essas verdades fundamentais, eram para eles de tanta estima e as guardavam com

tanto fervor e energia, que a mera linguagem não consegue lhe fazer tributo com a justiça merecida.

Deles era a eterna esperança, a âncora da alma tão forte e tão segura que as tempestades odiosas do Império falharam em afastá-los da rocha eterna onde estavam abrigados.

Era deles aquela fé que os sustentava pelas provações mais severas. O glorificado Homem à mão direita de Deus, era o objeto de sua fé e esperança. A fé nele era tudo. Era o sopro da vida; a respiração normal deles, tão real que os sustentou na hora dos cruéis sacrifícios; tão duradoura que mesmo quando parecia que todos os seguidores de Cristo haviam sido banidos da terra, eles, contudo, ainda podiam olhar para as alturas e esperar nele.

Deles era a plenitude daquele amor que definiu Cristo, quando estava na Terra, dizendo ser o resumo da Lei e dos profetas. Naqueles dias, a luta sectária e as amarguras denominacionais eram desconhecidas. Eles tinham um grande general inimigo, contra quem lutar; como poderiam pelejar uns contra os outros? Ali se cultivava o amor pelo próximo, que não conhecia distinção de raça ou classe, mas envolvia toda a imensa área, de maneira tal que alguém podia dar a vida pelo seu irmão; ali, pois, o amor de Deus, derramado abundantemente no coração pelo Espírito Santo, não temia o sacrifício da própria vida. As perseguições que os rodeava como um leão rugindo, fortalecia de tal maneira seu zelo, fé e amor, que brilhavam em meio às trevas dos tempos. Seu número se somava aos que eram verdadeiros e sinceros. Era antídoto contra a hipocrisia. Investia o valente com o

mais ousado heroísmo, e inspirava o temeroso com a coragem da devoção. *Eles viveram numa época na qual ser cristão era arriscar a própria vida.* Não retrocediam nem vacilavam, mas corajosamente proclamavam sua fé e aceitavam as consequências. Traçavam uma linha divisória, entre eles e o mundo, e se mantinham valentemente no seu próprio lado. O simples pronunciar de umas poucas palavras, a execução de um ato singelo, bastaria para salvar da morte; mas a língua se negava a pronunciar a fórmula da idolatria e a mão firme recusava o derramamento da libação. As doutrinas vitais do cristianismo encontravam neles, muito mais que o mero assentimento intelectual. Cristo mesmo não era para eles somente uma ideia, um pensamento, e sim uma existência pessoal e real. A vida de Cristo sobre a Terra era para eles uma verdade vivificante. Aceitavam-no como o mais perfeito exemplo para todo homem. Estavam certos de que Sua ternura, humildade, paciência e mansidão eram oferecidas para que fossem imitadas; jamais separaram o cristianismo ideal do cristianismo real. Estavam certos de que a fé do homem abrangia tanto a vida como o sentimento, e não haviam aprendido a fazer distinção entre o cristianismo experimental e o prático. Para eles, a morte de Cristo era o grande evento perante o qual todos os outros eventos eram somente secundários. Que Ele morreu é fato por excelência e que foi pelos filhos dos homens, ninguém em absoluto podia compreendê-lo melhor que eles. Que Ele foi levantado e que está glorificado à mão direita de Deus, e que todo poder foi-lhe entregue no Céu e na Terra, era divina realidade para

eles. Pois entre seus próprios irmãos, sabia-se de muitos que haviam sido pendurados em uma cruz por amor a seus irmãos ou morrido na pira por seu Deus. Eles tomavam sua cruz e seguiam a Cristo, levando seu vitupério. Aquela cruz e aquele vitupério não eram somente figurados. De tudo isso, testemunham esses tenebrosos labirintos, recintos próprios para os mortos somente, que, no entanto, por muitos anos se abriu para refugiar os vivos. Tudo isso é testemunhado por aqueles nomes de mártires, por aquelas palavras de triunfo. As muralhas conservam para as gerações vindouras as palavras de dor e lamento e de sentimentos sempre variados, que se escreveram sobre elas durante as sucessivas gerações, por aqueles que foram banidos para estas Catacumbas. Eles levam consigo sua dolorosa história aos tempos vindouros e trazem à imaginação as formas, os sentimentos e os feitos daqueles que aqui foram confinados. Assim, como a forma física da vida se fixa nas placas da câmera fotográfica, assim as grandes vozes, que uma vez se arrancaram pela intensidade do sofrimento, desde o fundo da própria alma do mártir, ficaram estampadas sobre a muralha.

Testemunhas humildes da verdade, pobres, depreciados, abandonados, cujos clamores por misericórdia chegavam em vão aos ouvidos dos homens; antes se sufocavam no sangue dos mortos e na fumaça dos sacrifícios! Porém, se os de sua própria raça responderam a suas súplicas, com renovadas e maiores torturas, essas muralhas rochosas mostraram maior misericórdia, pois ouviram seus suspiros e os guardaram em

seu seio e foi assim que aqueles clamores de sofrimento viveram ali entesourados e gravados na rocha para sempre.

A conversão de Marcellus ao cristianismo fora repentina. Porém, tais transições rápidas do erro para a verdade eram frequentes. Ele havia testado e provado as mais elevadas formas das superstições pagãs e filosofias mundanas, tendo descoberto que não o satisfaziam, mas, de repente, viu-se frente a frente com o cristianismo. Comprovou que este atendia plenamente todos os desejos de sua consciência. Possuía exatamente o que necessitava para contentar as ânsias da alma e saciar o vazio do coração com a plenitude da paz. E é assim, que se a mudança foi rápida, também foi completa e perfeita, pois tendo aberto os olhos e contemplado o Sol de Justiça, ele não podia voltar a fechá-los. A obra da regeneração era completada divinamente e recebeu, de boa vontade, a parte que lhe correspondia no sofrimento dos perseguidos.

As primeiras pregações do Evangelho se caracterizavam pela frequência de conversões notáveis como esta. Por todo o mundo pagão eram incontáveis as almas que experimentavam o que Marcellus experimentara e que, com gosto, se submetiam às mesmas experiências. Pois só era necessária a pregação da verdade, acompanhada pelo poder do Espírito Santo, que lhes abria os olhos e os conduzia a ver a luz. Eis aqui, a causa da rápida disseminação do cristianismo, a influência divina sobre a razão humana.

Marcellus, pois, vivendo a vida e partilhando a atividade e a comunhão com seus irmãos, não demorou em penetrar no fundo de suas esperanças, temores e alegrias. A fé viva e a

confiança inquebrantável deles comunicavam-se a seu coração e todas as gloriosas expectativas, que os sustentavam, não demoraram em chegar a ser o mais efetivo descanso de sua própria alma. A bendita Palavra de vida chegou a ser matéria de seu constante estudo e deleite e todos seus ensinos acharam nele seu mais ardoroso discípulo.

As reuniões mais frequentes por todas as Catacumbas eram as de oração e louvor. Tendo sido, providencialmente, afastados das ocupações comuns dos negócios do mundo, dedicavam-se por inteiro aos mais elevados e sublimes objetivos em que colocavam todo seu empenho. Privados aqui como estavam da oportunidade de realizar algum esforço pelo sustento do corpo, viam-se constrangidos a dedicar sua vida integralmente ao cuidado da alma. E conseguiam plenamente o que procuravam. Pois a Terra, com seus cuidados fervorosos, suas atrações e milhares de distrações, havia perdido sobre eles todo influxo, deixando-os livres. Os Céus haviam se aproximado deles; seus pensamentos e sua linguagem eram justamente os do Reino. Eles se compraziam em falar e pensar no gozo incomensurável e digno que aguardava os que fossem fiéis até a morte. Deleitavam-se em conversar e discorrer sobre aqueles irmãos, que já haviam partido e que somente acumulavam ganhos. Não imaginavam, sequer, que tivessem se perdido. Tudo isso lhes fazia prever o momento em que sua própria partida também chegaria. No entanto, acima de todas as coisas, olhavam para aquele dia do grande chamamento final, que levantaria os mortos, transformaria os vivos e traria em volta dele o povo lavado e comprado com

Seu sangue, até esse lugar de encontro no ar e esperavam o estabelecimento do tribunal de Cristo, onde Ele outorgará recompensas pelo serviço fiel (1 TESSALONICENSES 4:13-18; FILIPENSES 3:20,21; 1 CORÍNTIOS 3).

Foi assim que Marcellus viu essas lúgubres passagens subterrâneas, não entregues para o silêncio do sono dos mortos, mas densamente povoadas com os milhares de viventes. Descoloridos, pálidos e oprimidos, achavam ainda em meio dessas trevas um destino melhor que aquele que podiam esperar na superfície. Sua atividade vital animava esta região dos mortos. O silêncio desses corredores era interrompido pelo som das vozes humanas. À luz da verdade, a virtude, isolada dos ares saudáveis de cima, florescia e se acendia com o mais puro e reluzente brilho em meio destas trevas subterrâneas. As doces saudações de afeto, amizade, fraternidade e amor eram cultivadas entre os restos dos que haviam partido. Aqui se misturavam as lágrimas de luto com o sangue dos mártires e as mãos carinhosas envolviam em seus últimos sudários os pálidos despojos. Aqui nestas grutas, as almas heroicas se erguiam acima da dor. A esperança e a fé sorriam gozosas e anunciavam com firmeza "a brilhante estrela da manhã" e dos lábios de quem deviam brotar lamentos, surgiam vozes de louvor.

9

A PERSEGUIÇÃO

*Com efeito, tendes necessidade
de perseverança, para que,
havendo feito a vontade de Deus,
alcanceis a promessa.*

(HEBREUS 10:36)

Nas poucas semanas desde que Marcellus fora viver ali, grande número de pessoas procurara refúgio naquele retiro. Jamais houvera tantos congregados ali. Geralmente, as autoridades contentavam-se com os cristãos mais proeminentes e, em consequência, os fugitivos que recorriam às Catacumbas compunham essa classe. Foi realmente a perseguição mais severa que sobreveio desta vez, atingindo a todos e, somente sob o governo de uns poucos Imperadores

havia-se mostrado indiscriminada fúria. Desta vez não se fazia a menor distinção de classe ou posição, pois tanto o mais humilde seguidor como o mais eminente dos mestres foram perseguidos até a morte.

Até este momento, a comunicação com a cidade era relativamente fácil, porque os cristãos, que haviam ficado acima, embora pobres, nunca se descuidavam dos que estavam nas profundezas do esconderijo, nem esqueciam suas necessidades. Facilmente, pois, podiam se adquirir provisões e o auxílio não faltava. Porém chegou a hora, em que exatamente aqueles, em cujo auxílio confiavam os fugitivos, também foram vítimas da perseguição e obrigados a compartilhar seu destino com seus irmãos de grutas e precisar, eles mesmos, receberem caridade em vez de dá-la.

Contudo, não enfrentavam sua situação desesperando-se. Nessa Roma, ainda havia muitos que os amavam e ajudavam, embora não fossem cristãos. Em todo grande movimento, sempre haverá um considerável número de pessoas neutras, as mesmas que, seja por interesse ou por indiferença, se mantêm à margem. Essas pessoas invariavelmente se unirão ao lado mais forte e, onde o perigo ameaçar, costumam evitá-lo fazendo qualquer concessão. Tal, pois, era a condição em que se encontravam numerosos romanos. Eles tinham amigos e parentes a quem amavam, entre os cristãos, e por quem sentiam a mais cordial simpatia. Sempre se mantinham dispostos a ajudá-los, mas tinham, naturalmente, a devida consideração pela própria segurança, para não chegar ao extremo de jogar sua sorte

junto com a deles. Mantinham-se fiéis assistentes aos templos e à adoração dos deuses pagãos como antes, vindo assim a serem adeptos nominais das velhas superstições. Os cristãos agora estavam forçados a depender destes, por suas necessidades diárias.

Porém agora, além disso, toda expedição que tentasse ir à cidade estava rodeada de maiores e iminentes perigos e somente os muito ousados se atreviam a aventurar-se. Mas esse arraigado desdém pelo perigo e pela morte era tal e tantos eram os que por ele estavam inspirados, que jamais deixaram de oferecer-se, espontaneamente, os homens para desafiar a morte em tão perigosos empreendimentos.

Marcellus ofereceu-se para esta tarefa, satisfeito de poder fazer algo por seus irmãos. A mesma valentia e perspicácia que o havia elevado até as altas categorias militares, agora o faziam destacar-se com todo êxito nessas suas novas atividades.

Dezenas de fiéis eram capturados e sacrificados por dia. Os cristãos se encarregavam de recuperar seus despojos mortais, para dar-lhes sepultura. Nisto não havia tanta dificuldade, já que liberava as autoridades do incômodo de queimar ou enterrar os cadáveres.

Um dia, chegaram notícias à comunidade residente sob a Via Ápia de que dois dos seus haviam sido capturados e entregues à morte. Marcellus, juntamente com outros, saiu com a missão de recuperar os corpos. Pollio, aquele menino, foi com eles para o caso de serem necessários seus serviços. Anoitecia, quando entraram pelos portões da

cidade e as trevas não demoraram em cobrir seus movimentos. Mas não tardou em aparecer a lua para iluminar o amplo cenário.

Desapareceram abrindo seu caminho pelas ruas tenebrosas, até chegar finalmente ao Coliseu, o lugar de martírio de tantos de seus companheiros. Aquela enorme massa se elevava orgulhosa diante deles, ampla, tenebrosa e severa, como o poder imperial que a havia construído. Multidões de vigilantes, guardiões e gladiadores estavam dentro de seus portões de ferro, cujas passagens abobadadas eram iluminadas pelo brilho das tochas.

Os gladiadores conheciam o motivo de sua presença e rudemente lhes ordenaram que prosseguissem. Eles mesmos os conduziram até que estivessem na arena. Ali, estavam jogados numerosos corpos, os últimos que haviam morrido naquele dia. Estavam cruelmente mutilados; alguns em condições tais, que apenas se distinguia que eram seres humanos. Depois de uma longa busca, acharam os dois que procuravam. Em seguida, esses corpos foram colocados em grandes sacos, nos quais se dispunham a levá-los.

Marcellus se deteve para contemplar o cenário que o rodeava. Estava completamente cercado por maciças muralhas, que se elevavam por meio de numerosos terraços em declive, até chegar ao coroamento no círculo exterior. Sua estrutura soturna parecia encerrá-lo com barreiras tais, que ele já não podia transpor.

Ele pensava: "Quanto tempo vai demorar antes de chegar a minha vez? Quando chegará o dia de entregar a minha vida por meu Salvador? Serei fiel quando chegar esse momento? Ó! Senhor Jesus, sustenta-me naquela hora!"

A lua ainda não havia subido o suficiente para que seus raios penetrassem dentro da arena. Ali, nesse interior, tudo era escuro e repulsivo. A busca teve de ser feita com tochas emprestadas pelos guardiões.

Naquele momento, Marcellus ouviu uma voz profunda vinda de alguns dos arcos posicionados atrás deles. Seus tons penetraram o ar da noite com claridade surpreendente e puderam ser ouvidos por cima do rude vozerio dos guardas:

"Então, ouvi grande voz do céu, proclamando: Agora, veio a salvação, o poder, o reino do nosso Deus e a autoridade do seu Cristo, pois foi expulso o acusador de nossos irmãos, o mesmo que os acusa de dia e de noite, diante do nosso Deus. Eles, pois, o venceram por causa do sangue do Cordeiro e por causa da palavra do testemunho que deram e, mesmo em face da morte, não amaram a própria vida" (APOCALIPSE 12:10,11).

—Quem é esse? — disse Marcellus.

—Não o atendas — disse seu companheiro. — É o irmão Cina. Suas penas e dores o deixaram maluco. Seu único filho foi queimado na pira, no início da perseguição, e desde então ele anda percorrendo a cidade denunciando inimigos. Até agora não haviam se ocupado dele, porém, finalmente o capturaram.

—E está prisioneiro aqui?

—Sim.

E de novo a voz de Cina se deixou ouvir espantosa, ameaçadora e terrível:

"Clamaram em grande voz, dizendo: Até quando, ó Soberano Senhor, santo e verdadeiro, não julgas, nem vingas o nosso sangue dos que habitam sobre a terra?" (APOCALIPSE 6:10).

—Esse é, então, o homem que ouvi no Capitólio!

—Sim, deve ser ele, porque já percorreu toda a cidade e ainda o palácio, clamando e apregoando isso mesmo.

—Vamos.

Tomaram seus sacos e se encaminharam aos portões. Depois de uma breve pausa, foi-lhes permitido passar. E conforme saíam, ouviram a voz de Cina, distante:

"Então, exclamou com potente voz, dizendo: Caiu! Caiu a grande Babilônia e se tornou morada de demônios, covil de toda espécie de espírito imundo e esconderijo de todo gênero de ave imunda e detestável. Retirai-vos dela" (APOCALIPSE 18:2,4).

Nenhum deles pronunciou palavra alguma, até que chegaram a suficiente distância do Coliseu.

Marcellus rompeu o silêncio.

—Senti um grande temor de que nos prendessem e não nos deixassem sair mais de lá.

O outro lhe respondeu:

—Os teus medos foram razoáveis. O menor capricho repentino do guarda poderia ser a nossa sentença final. Mas para isso, devemos estar sempre preparados, pois em momentos como este devemos estar dispostos a afrontar a morte a

qualquer momento. Que diz o nosso Senhor? "Por isso, ficai também vós apercebidos" (MATEUS 24:44; LUCAS 12:40). Quando o tempo chegar, devemos estar dispostos a dizer: "Pronto estou para ser oferecido".

—Sim — disse Marcellus —, nosso Senhor já nos disse o que deveríamos ter: "No mundo, passais por aflições" (JOÃO 16:33).

—Ah, mas Ele também diz: "Mas tende bom ânimo; eu venci o mundo" (JOÃO 16:33). "...para que, onde eu estou, estejais vós também" (JOÃO 14:3).

—Por meio dele — disse Marcellus —, em todas estas coisas, porém, somos mais que vencedores (ROMANOS 8:37). "Porque para mim tenho por certo que os sofrimentos do tempo presente não podem ser comparados com a glória a ser revelada em nós" (ROMANOS 8:18).

Assim se consolavam eles com as promessas seguras da bendita Palavra de vida, que em todos os tempos e em todas as circunstâncias é capaz de oferecer semelhante consolo celestial. Finalmente, chegaram a seu destino, sãos e salvos, e portando suas cargas, com a íntima gratidão em seus corações para Aquele que os havia preservado.

Não muitos dias depois, Marcellus voltou a sair em busca de provisões. Desta vez, ele foi sozinho. Foi à casa de um homem que era muito amigo deles e havia sido de grande ajuda. Estava do lado de fora das muralhas, nas redondezas da Via Ápia.

Depois de ter obtido as provisões indispensáveis, começou a averiguar pelas notícias.

—As notícias são más para vós — disse o homem. — Um dos oficiais pretorianos converteu-se recentemente ao cristianismo, e isso enfureceu o Imperador. Este designou um outro oficial para o cargo que o outro tinha e o incumbiu de perseguir os cristãos. E é assim que a cada dia capturam alguns deles. Pois nestes dias, não existe um único homem que seja considerado demasiado pobre para não ser capturado.

—Ah! Sabes o nome do novo oficial dos pretorianos que está encarregado de perseguir os cristãos?

—Lucullus.

—Lucullus! — exclamou Marcellus. — Que estranho!

—Dizem que é um homem de muita habilidade e energia.

—Tenho ouvido falar dele. E em verdade estas são más notícias para os cristãos.

—A conversão ao cristianismo do outro oficial enfureceu o Imperador até enlouquecê-lo, a tal ponto que se oferece um considerável resgate por ele. E se tu, amigo, porventura o vires ou estás em condições de falar com ele, procura, por todos os meios, informá-lo. Todos dizem que ele está nas Catacumbas convosco.

—Ele deve estar lá, já que não existe outro lugar seguro.

—Verdadeiramente, estes são tempos terríveis. Deves tomar todas as precauções possíveis.

Marcellus respondeu, humilde, mas firmemente:

—Não podem matar-me mais de uma vez.

—Ó, vós, os cristãos, tendes uma coragem maravilhosa. Admiro vossa bravura; mas penso que poderíeis vos

conformar externamente ao decreto do Imperador. Por que, pois, deveríeis precipitar-vos assim tão loucamente à morte?

—Nosso Redentor morreu por nós. Estamos prontos a morrer por Ele. E, já que Ele morreu pelo Seu povo, nós também nos comprazemos voluntariamente em imitá-lo, oferecendo nossas vidas por nossos irmãos.

—Vós sois pessoas maravilhosas — exclamou aquele homem, levantando as mãos.

Chegou o momento em que Marcellus teve de despedir-se e então partiu levando sua carga. As notícias que acabara de ouvir encheram sua mente.

"Então Lucullus ficou em meu posto", pensava ele, em seu caminho. "Como desejaria saber se ele se voltou contra mim! Pensará agora sobre mim como seu amigo Marcellus, ou simplesmente como um cristão? Pode ser que o descubra dentro de pouco tempo! Seria verdadeiramente estranho que eu caísse em suas mãos; e, contudo, se eu fosse capturado, provavelmente chegaria a estar perto dele."

"Mas ele deve cumprir com seu dever de soldado e por que deveria me queixar? Pois se foi nomeado para esse cargo, não tem alternativa senão obedecer. E, como soldado, não pode me tratar de outro modo senão como inimigo do Estado. Ele bem pode ter pena de mim e ainda me amar em seu coração como amigo, porém, não pode eximir-se de cumprir com seu dever."

"Já que se oferece um resgate pela minha cabeça, eles devem redobrar seus esforços para encontrar-me. Acredito, pois, que meu tempo chegou. Devo estar preparado para enfrentar fielmente o que vier."

Perdido nestes pensamentos havia percorrido a Via Ápia. Estava tão envolvido em suas meditações, que não percebeu uma multidão de pessoas reunidas numa esquina da rua até que se encontrava entre elas. E,repentinamente, se encontrou detido.

—Ó, amigo — exclamou uma voz rude —, não tenhas tanta pressa. Quem és e para onde vais?

—Deixa o espaço livre! — exclamou Marcellus em tom de comando, natural como alguém que já teve o hábito de mandar e ter homens sob suas ordens, indicando ao homem que se afastasse.

A multidão se surpreendeu pelo modo autoritário e o tom imperioso, mas o porta-voz deles se mostrou mais arrogante.

—Dize-nos quem és ou não passarás!

Ao que Marcellus replicou:

—Homem, afasta-te a um lado. Não conheces que sou pretoriano?

Perante aquele homem tão pavoroso como venerável, a multidão se abriu rapidamente e Marcellus passou pelo meio deles. Mas apenas havia-se distanciado dali uns cinco passos, quando uma voz exclamou:

—Prendam-no! É Marcellus, o cristão!

A multidão também vociferou em uníssono. Mas Marcellus não esperou maior advertência. Jogando fora a carga que levava, empreendeu vertiginosa fuga rumo ao Tíber por uma rua lateral. A multidão inteira o perseguiu. Era uma corrida de vida ou morte. Mas Marcellus tinha sido treinado em todo esporte atlético e, aumentava a distância entre ele e seus

perseguidores. Finalmente chegou ao Tíber e mergulhando nele nadou até a outra margem.

Os perseguidores chegaram à beira do rio, mas não passaram dali.

10

A CAPTURA

*A provação da vossa fé,
uma vez confirmada,
produz perseverança.*

(TIAGO 1:3)

Na capela, Honorius se encontrava sentado em companhia de mais um ou dois, entre os quais estava a irmã Cecília. Os mortiços raios de uma única lâmpada alumiavam o cenário muito debilmente. Todos os presentes estavam silenciosos e tristes. Sobre eles pesava uma melancolia ainda mais profunda. Em volta se ouvia o barulho de passos e de vozes e um confuso murmúrio de atividade vital.

De forma repentina e rápida, ouviram-se passos e Marcellus entrou. Os ocupantes da capela saltaram aos seus pés com exclamações de alegria.

—Onde está Pollio? — perguntou Cecília com vivo interesse.

—Eu não o vi — disse Marcellus.

—Não o viste! — e ela voltou a cair sobre o assento.

—Mas, o que acontece? Já devia ter voltado?

—Devia ter voltado seis horas atrás e isso me deixa louca de ansiedade.

—Não há perigo — disse Marcellus, tentando consolá-la. — Ele sabe cuidar-se... — e se esforçou para que não percebessem sua preocupação, mas seu olhar traía suas palavras.

—Que não haja perigo! — gritou Cecília. — Ai de mim, nós já sabemos todos os novos perigos que há. Jamais foi tão perigoso como agora.

—O que aconteceu para que demorasses tanto, Marcellus? Dávamos-te por morto.

Marcellus respondeu:

—Fui detido perto da Via Ápia. Tive de soltar a carga e correr ao rio. A multidão me seguiu, mas mergulhei nas águas e passei a nado. Dali tomei uma rota em direção às ruas do outro lado, depois do qual voltei a cruzar e assim cheguei aqui, são e salvo.

—Escapaste miraculosamente, pois ofereceram resgate pela tua cabeça.

—Já sabíes disso?

—Obviamente que sim e muito mais. Soubemos dos redobrados esforços que estão fazendo para aniquilar-nos.

Durante todo o dia chegam as notícias de dor. Mais do que nunca devemos confiar que somente Ele pode salvar-nos.

—Ainda podemos frustrar seus planos — disse Marcellus com ar de esperança.

—Mas eles estão vigiando nossas principais entradas — disse Honorius.

—Então devemos fazer novas. As fendas são inumeráveis.

—Eles estão oferecendo recompensa por todos os irmãos importantes.

—E daí? Cuidaremos desses irmãos, guardando-os mais do que nunca.

—Nossos meios de subsistência estão diminuindo gradualmente.

—Porém, existem tantos ousados e fiéis corações como sempre. Quem tem temor de arriscar sua vida agora? Nunca faltará a provisão de alimento, enquanto permanecermos nas Catacumbas, pois se nós conseguirmos escapar à perseguição, traremos o auxílio aos nossos irmãos; e se morrermos, receberemos a coroa do martírio.

—Tens razão, Marcellus. Tua fé dá vergonha aos meus temores. Como podem temer a morte aqueles que vivem nas Catacumbas? Trata-se somente de umas trevas momentâneas e logo tudo passará. Mas no dia de hoje, ouvimos dizer muitas coisas que fazem desesperar nossos corações e afogam nossos espíritos até fazer-nos desmaiar.

—Ai de mim — continuou Honorius com voz dolorosa —, como as pessoas se dispersaram e as assembleias ficaram desoladas. Não faz senão alguns meses que havia

cinquenta assembleias cristãs dentro da cidade, onde brilhava a luz da verdade e as vozes das orações e dos louvores subiam até o trono do Altíssimo. Agora foram abatidas e o povo foi dispersado e lançado fora da vista dos homens.

Fez uma breve pausa, vencido pela emoção, e depois, com sua voz baixa e amargurada, repetiu as palavras aflitas do Salmo 80:

Ó SENHOR, Deus dos Exércitos, até quando estarás indignado contra a oração do teu povo? Dás-lhe a comer pão de lágrimas e a beber copioso pranto. Constituis-nos em contendas para os nossos vizinhos, e os nossos inimigos zombam de nós a valer. Restaura-nos, ó Deus dos Exércitos; faze resplandecer o teu rosto, e seremos salvos. Trouxeste uma videira do Egito, expulsaste as nações e a plantaste. Dispuseste-lhe o terreno, ela deitou profundas raízes e encheu a terra. Com a sombra dela os montes se cobriram, e, com os seus sarmentos, os cedros de Deus. Estendeu ela a sua ramagem até ao mar e os seus rebentos, até ao rio. Por que lhe derribaste as cercas, de sorte que a vindimam todos os que passam pelo caminho? O javali da selva a devasta, e nela se repastam os animais que pululam no campo. Ó Deus dos Exércitos, volta-te, nós te rogamos, olha do céu, e vê, e visita esta vinha; protege o que a tua mão direita plantou, o sarmento que para ti fortaleceste. Está queimada,

está decepada. Pereçam os nossos inimigos pela represeñsão do teu rosto (SALMO 80:4-16).

—Tu estás triste, Honorius — disse Marcellus. — Nossos sofrimentos na verdade, aumentam sobre nós; mas podemos ser mais que vencedores por meio daquele que nos amou. O que Ele disse? "ao vencedor, dar-lhe-ei que se alimente da árvore da vida que se encontra no paraíso de Deus" (APOCALIPSE 2:7). "Sê fiel até à morte, e dar-te-ei a coroa da vida" (APOCALIPSE 2:10). "Ao vencedor, dar-lhe-ei do maná escondido, bem como lhe darei uma pedrinha branca, e sobre essa pedrinha escrito um nome novo, o qual ninguém conhece, exceto aquele que o recebe" (APOCALIPSE 2:17). "Ao vencedor, que guardar até ao fim as minhas obras, eu lhe darei autoridade sobre as nações [...]dar-lhe-ei ainda a estrela da manhã" (APOCALIPSE 2:26,28). "O vencedor será assim vestido de vestiduras brancas, e de modo nenhum apagarei o seu nome do Livro da Vida; pelo contrário, confessarei o seu nome diante de meu Pai e diante dos seus anjos" (APOCALIPSE 3:5). "Ao vencedor, fá-lo-ei coluna no santuário do meu Deus, e daí jamais sairá; gravarei também sobre ele o nome do meu Deus, o nome da cidade do meu Deus, a nova Jerusalém que desce do céu, vinda da parte do meu Deus, e o meu novo nome" (APOCALIPSE 3:12). "Ao vencedor, dar-lhe-ei sentar-se comigo no meu trono, assim como também eu venci e me sentei com meu Pai no seu trono" (APOCALIPSE 3:21).

Ao falar estas palavras, Marcellus se ergueu e seus olhos brilharam e seu rosto corou de entusiasmo. Suas emoções foram

transmitidas a seus companheiros e conforme caiam estas promessas, uma a uma em seus ouvidos, eles esqueceram por um momento suas tristezas sob o pensamento de sua próxima bem-aventurança. A nova Jerusalém, as ruas douradas, as palmas de glória e o canto do Cordeiro, o rosto daquele que está sentado no trono, tudo isso estava realmente presente em suas mentes.

Honorius disse:

—Marcellus, tiraste minha tristeza com tuas palavras; sobreponhamo-nos, pois, a nossas dificuldades terrenas. Vamos, irmãos, deixemos de lado nossas preocupações, pois este irmão recém-nascido no reino mostra tal fé que devemos imitar. Olhemos, pois, o gozo que nos foi proposto. "Sabemos que, se a nossa casa terrestre deste tabernáculo se desfizer, temos da parte de Deus um edifício, casa não feita por mãos, eterna, nos céus" (2 CORÍNTIOS 5:1).

E continuou falando:

—A morte está muito perto e se aproxima cada vez mais. Nossos inimigos nos têm cercado e o cerco é mais e mais estreito. Morreremos, pois, como cristãos.

Marcellus exclamou:

—Por que esses tristes presságios? Acaso a morte está mais perto que antes? Não estamos seguros nas Catacumbas?

—Não soubeste, então?

—Saber o quê?

—Da morte de Chrysippus!

—Chrysippus! Morto! Não! Como? Quando?

—Os soldados do Imperador foram guiados pelas Catacumbas por alguém que conhecia a rota. Penetraram no salão,

onde estavam celebrando o culto de adoração. Isso foi nas Catacumbas limítrofes ao Tíber. Os irmãos deram apressado alarme e fugiram. Mas o venerável irmão Chrysippus, seja por causa de sua extrema velhice, ou pela resolução de sofrer o martírio, não quis fugir dos inimigos. Limitou-se a ajoelhar e elevar sua voz em oração a Deus. Dois assistentes fiéis permaneceram ao seu lado. Os soldados se lançaram sobre ele e, enquanto ainda permanecia orando de joelhos, bateram nele até derramar seus miolos. Caiu morto no primeiro golpe, e os dois irmãos renderam também sua vida ao seu lado.

—Eles foram unir-se ao nobre exército de mártires. Eles, pois, foram fiéis até a morte e receberão a coroa da vida — disse Marcellus.

Mas nesse instante foram interrompidos por um tumulto no exterior. Imediatamente ficaram todos assustados.

—Os soldados! — exclamaram.

Mas não. Não eram soldados. Era mais um cristão, um mensageiro daquele hostil mundo externo. Pálido e tremendo atirou-se ao chão. Retorcendo suas mãos gritava enquanto suspirava com seu último sopro de vida.

A presença desse homem produziu um efeito extraordinariamente aterrador sobre Cecília. Ela cambaleou, caindo para trás contra a parede, tremendo dos pés à cabeça, retorcendo suas mãos uma contra a outra. Seus olhos pareciam sair de suas órbitas, os lábios contraídos como se quisesse falar, mas não se ouvia o menor som.

—Fala! Fala! Conta-nos tudo! — exclamou Honorius.

—Pollio! — balbuciou o mensageiro.

—O que aconteceu com ele? — disse Marcellus com veemência.

—Foi capturado. Está na prisão!

Ouvindo isso, um grito agudo de mortal amargura se difundiu pelas imediações, semeando o terror. Era o grito da irmã Cecília, que não tardou em cair no chão.

Os que a seu lado estavam, apressaram-se a atendê-la. Levaram-na a seus aposentos. Uma vez ali, aplicaram-lhe os habituais estimulantes até revivê-la. Mas o golpe a havia afetado gravemente e embora voltasse a si, ficou em tal estado, que parecia que sonhava.

Enquanto isso, o mensageiro havia recuperado as forças e dito tudo quanto sabia.

Marcellus lhe perguntou:

—Pollio foi contigo, é verdade?

—Não, ele estava sozinho.

—Para qual tarefa?

—Estava tentando ter notícias. Eu estava do outro lado da rua, um pouco para trás, ele estava voltando para casa. Caminhamos até chegar onde havia uma multidão de homens. Para surpresa minha, Pollio foi detido e submetido a interrogatórios. Eu já não ouvi o que aconteceu, mas cheguei a ver seus gestos de ameaça e finalmente vi que o prenderam. Nada pude fazer por ele. Mantive-me a uma distância segura e observei. Aproximadamente, meia hora depois, se apresentou uma tropa de pretorianos. Pollio foi entregue a eles e o levaram.

—Pretorianos? — disse Marcellus. — Reconheceste o capitão?

—Sim, era Lucullus.

—Está bem — disse Marcellus, e ficou perdido em profunda meditação.

11
A OFERENDA

*Ninguém tem maior amor
do que este: de dar alguém a própria
vida em favor dos seus amigos.*

(JOÃO 15:13)

Havia anoitecido no quartel dos pretorianos. Lucullus se achava sentado ao lado de uma lâmpada que espalhava sua luz brilhante por toda parte. De pronto se levantou ao ouvir um toque na porta. Imediatamente a abriu. Um homem entrou e avançou silenciosamente até o centro do quarto. Depois, tirando a enorme capa na qual estava envolto, ficou descoberto na presença de Lucullus.

—Marcellus! — exclamou cheio de assombro e, pulando para a frente, abraçou seu visitante com visíveis mostras de alegria.

—Querido amigo meu — disse ele —, a que destino feliz devo a alegria deste encontro? Achava-me precisamente pensando em ti e não imaginava sequer que nos veríamos outra vez.

—Temo que nossos encontros — disse Marcellus tristemente — não serão frequentes de hoje em diante. Neste, o procurei com grande risco de minha vida.

—Verdadeiramente é assim — disse Lucullus, partilhando a tristeza do outro. — Tu és perseguido com o mais irado interesse, pois se oferece recompensa por ti. Com isso tudo, aqui pode se considerar seguro como o esteve sempre nos dias felizes, antes que fosses possuído daquela loucura. Ó! meu querido Marcellus! Por que não podem voltar aqueles dias?

—Não posso mudar minha natureza nem desfazer o que fiz. Além disso, Lucullus, embora minha sorte possa parecer-te dura, jamais tenho sido tão feliz como o sou agora.

—Feliz! — exclamou o outro com profunda surpresa.

—Sim, Lucullus, "em tudo somos atribulados, porém não angustiados; perplexos, porém não desanimados" (2 CORÍNTIOS 4:8).

—A perseguição ordenada pelo Imperador não é coisa passageira.

—Sim, isso o sei muito bem. Vejo caírem meus irmãos a cada dia. Dia após dia, estreita-se mais o cerco que nos rodeia. A cada momento me despeço de amigos a quem não

volto mais a ver. Alguns companheiros sobem à cidade, mas não regressam senão seus despojos. Voltam ali só para serem sepultados.

—E com tudo isso, dizes que és feliz?

—Sim, Lucullus, tenho uma paz que o mundo não conhece, uma paz que vem de cima e que sobrepuja todo entendimento (FILIPENSES 4:7).

—Meu estimado Marcellus, consta-me que és demasiado corajoso para temeres a morte, mas nunca pensei que tivesses tal fortaleza para suportar, com tão profunda calma, tudo o que sei que deves estar sofrendo atualmente. Tua coragem é sobre-humana ou é resultado de demência.

—Vem de cima, Lucullus. Jesus Cristo, meu Senhor, é para mim muito mais que todas as riquezas e a honra do mundo. Antes me era absolutamente impossível sentir assim, mas agora todas as coisas velhas se passaram e eis aqui, todas foram feitas novas. Sustentado por este novo poder, serei capaz de suportar os piores males que possam sobrevir-me. Não espero nada na Terra, senão sofrimento, enquanto aqui viva. Sei que morrerei na pior das agonias. Todavia, esse pensamento não é capaz de sobrepor-se à indomável fé que mora dentro de mim.

—Deixa-me a alma com pena — disse Lucullus tristemente —, ver-te persuadido de tal determinação. Pois se eu visse o menor sinal de indecisão em ti, teria a esperança de que o tempo modificaria teus sentimentos. Mas já me convenço de que estás tão firme em teu novo caminho.

—Queira Deus conceder-me que possa permanecer fiel até o fim! — disse Marcellus fervorosamente. — Mas a

verdade é que não vim para falar-te de meus sentimentos. Vim, querido Lucullus, pedir tua ajuda, tua compaixão e auxílio. Prometeste-me uma vez demonstrar-me tua amizade, se a necessitasse. Agora venho pedir-te que cumpra tua promessa.

—Tudo o que dependa de mim é teu de antemão, Marcellus. Dize-me o que queres.

—Tens um prisioneiro.

—Sim, muitos.

—Este é um menino.

—Creio que o pessoal sob minhas ordens capturou um menino faz pouco tempo.

—Esta criatura é demasiado insignificante para merecer captura. Ele está sob a ira do Imperador, mas ainda está debaixo de teu poder. Venho, Lucullus, a implorar-te pela sua liberdade.

—Ai de mim, querido Marcellus, o que me pedes? Acaso esqueceste da disciplina do exército romano, ou do juramento militar? Não sabes bem que se eu fizesse isso, violaria meu juramento e me tornaria traidor? Se me pedisses que deitasse minha espada, eu o faria mais facilmente do que o que estás me pedindo.

—Não esqueci do juramento militar nem da disciplina da caserna, Lucullus. Penso nesta criança, que é apenas um menino e bem poderia não ser considerado prisioneiro. Acaso os mandados do Imperador incluem as crianças?

—Ele não faz distinção de idade. Não viste meninos tão pequenos como este sofrer a morte no Coliseu?

—Ai, sim o vi — disse Marcellus, ao voltar seus pensamentos às jovens, cujo cântico de morte o impressionara, causando-lhe tanta pena e ao mesmo tempo tanta doçura em seu coração. — Este menino, então, também deve sofrer a morte?

—Sim — disse Lucullus —, a não ser que renuncie solenemente ao cristianismo.

—E isso ele jamais fará.

—Então de imediato será aplicada a sentença. É a lei que o faz e não eu, Marcellus. Sou só um instrumento. Não me condenes.

—Não estou culpando-te. Sei muito bem quanto és rigoroso com a obediência. Se desempenhas teu posto, deves cumprir com teu dever. Porém, deixa-me fazer outra proposta. Entregar prisioneiros não é permitido, mas a troca, sim, é legal.

—Sim.

—Se te falasse de um prisioneiro muito mais importante que este menino, o trocarias, não é verdade?

— Mas vós não tendes a nenhum dos nossos.

—Não, mas temos poder sobre todo nosso povo. E há alguns de nós por cujas cabeças o Imperador tem oferecido uma grande recompensa. Pois pela captura destes, centenas de meninos como este seriam entregues com prazer.

—É, então, costume entre os cristãos entregarem-se uns aos outros? — perguntou Lucullus surpreso.

—Não, mas algumas vezes um cristão oferecerá sua própria vida para salvar a de outro.

—Impossível!

—Tal é o caso neste exemplo.

—Quem é o que se oferece por este menino?

—Eu, Marcellus!

Diante desta assombrosa declaração Lucullus retrocedeu.

—Tu! — exclamou.

—Sim, eu mesmo!

—Estás caçoando de mim. É impossível.

—Falo com total seriedade. É por isto que já expus a minha vida ao vir até aqui. Demonstrei o interesse que tenho por ele ao me arriscar a tanto perigo. Já te explicarei. Este menino, Pollio, é o último de uma antiga nobre família romana. É o único filho de sua mãe. Seu pai morreu no campo de batalha. Ele pertence aos Servillius.

— Os Servillius! Então sua mãe é a senhora Cecília?

—Sim. Ela é uma das refugiadas das Catacumbas. Toda sua vida e seu amor não são senão este menino. A cada dia, ela deixa que ele saia à cidade numa perigosa aventura, mas em sua ausência sofre indescritível agonia. Contudo, ela teme impedi-lo de sair dali, por temor de que o ar úmido que é tão fatal para as crianças lhe cause a morte. E assim o expõe ao que acredita ser um perigo menor.

—Esta é a criança que tens prisioneira. Essa mãe o sabe e agora jaz debatendo-se entre a vida e a morte. Se o sacrificares, ela também morrerá e já não será mais um dos mais nobres e puros espíritos de Roma.

—Por estas razões é que venho oferecer-me em troca. O que sou eu? Estou sozinho no mundo. Nenhuma vida está

vinculada à minha. Não há ninguém que dependa de mim para o presente ou o futuro. Não temo a morte. Pode vir igualmente agora mesmo, como pode chegar em outra ocasião. Tarde ou cedo, virá e prefiro dar a minha vida pelo meu amigo, que oferecê-la inutilmente. Por todas estas razões, ó Lucullus, é que te imploro, pelos sagrados laços da amizade, pela tua compaixão, pela promessa que me fizeste, dá-me esta ajuda que te peço e toma minha vida em troca da dele.

Lucullus se pôs em pé e circulou pela sala, contendo uma grande agitação dentro de si.

—Por que, ó, Marcellus — exclamou por último —, me submetes a esta terrível prova?

—Minha proposta é fácil de ser recebida.

—Esqueces, acaso, que tua vida me é igualmente preciosa?

—Porém, pensa nesta pequena criança.

—Efetivamente, compadeço-me de coração. Mas pensas que posso receber tua vida em prenda?

—Pois a minha vida já está dada em prenda e a oferecerei mais cedo ou mais tarde. E por isso te imploro que me dês a oportunidade de oferecê-la, na forma em que possa ser útil.

—Não morrerás enquanto estiver ao meu alcance evitá-lo. Tua vida ainda não está em jogo. Pelos deuses imortais, juro que passará muito tempo antes que possas ocupar um lugar na arena.

—Ninguém me poderá salvar uma vez que eu tenha sido apreendido, ainda que faças tudo quanto puderes. O que podes fazer para salvar alguém sobre quem está caindo a inexorável ira do Imperador?

—Posso fazer muito para desviá-la. Não estás em condições de saber quanto se pode fazer. Mas, ainda que eu não pudesse fazer nada, contudo não vou atender a esta proposta agora.

—Se eu mesmo me apresentasse perante o Imperador, ele deveria ouvir minha petição.

—Ele te colocaria em prisão de imediato e faria matar a ambos.

—Eu poderia enviar uma mensagem com minha proposta.

—A mensagem nunca chegaria a ele ou pelo menos não chegaria até que fosse demasiado tarde.

—Então, não há esperança alguma? — disse Marcellus tristemente.

—Absolutamente nenhuma.

—E também te negas a conceder-me minha petição?

—Ai, Marcellus, como poderia responsabilizar-me pela morte de meu mais querido amigo? Não tens misericórdia de mim. Perdoa-me, se devo negar-me a aceitar tua temerária proposta.

—Seja feita a vontade do Senhor, meu Deus — disse amargamente Marcellus. — Devo, pois, regressar às pressas. Ai! Como posso apresentar-me com esta mensagem de desespero?

Os dois amigos se abraçaram em silêncio e Marcellus partiu, deixando Lucullus atormentado com sua assombrosa e temerária proposta.

Marcellus voltou são e salvo às Catacumbas. Os irmãos que ali estavam e que conheciam seus propósitos o receberam felizes em meio à sua dor.

A senhora Cecília ainda jazia vítima daquele torpor, consciente só a respeito dos acontecimentos que se desenrolavam à sua volta. Havia momentos em que sua mente divagava. E em seu delírio, conversava como se estivesse entre cenas felizes de sua vida passada. Porém, a vida das Catacumbas, essas alternâncias entre a esperança e o temor, o gozo e a tristeza, a ansiedade que sempre rodeava os refugiados e o ar demasiado deprimente daquele lugar, haviam conseguido abatê-la tanto em sua mente como em seu corpo. Sua frágil natureza sucumbia sob a fúria implacável daquele tormento, e este último, o mais pesado e amargo dos golpes que caía sobre ela, havia completado sua prostração. Dos mortais efeitos de tudo isso, já não poderia recuperar-se.

Aquela noite todos vigiaram e oraram ao redor de seu leito. A cada instante se debilitava mais e mais, porém seguramente, sua vida se esfumava, ficando só um desfalecer prolongado. Daquele golpe tão real, nem a restituição de seu filho poderia salvá-la.

Todavia, embora as faculdades mentais a houvessem deixado e os sentimentos terrenos se debilitado, aquela paixão dominante nela, nos últimos anos, em nada havia diminuído em seu poder. Seus lábios gelados sussurravam ainda as palavras benfeitoras que por tanto tempo haviam sido seu apoio e consolação. Balbuciava o nome de seu querido filho, embora inconsciente do perigo que o rodeava; mas o abençoado nome de Jesus Cristo era pronunciado com o fervor mais profundo.

Contudo, chegou o momento final. Reagindo de seu longo período de inconsciência, seus olhos se abriram e viu-se

um rubor em seu rosto macilento, e de seus lábios se ouviram debilmente as palavras: "Vem, Senhor Jesus!".

E com esse clamor, a vida deixou o corpo e o espírito purificado da senhora irmã Cecília voltava a Deus, que o havia dado.

12
O JULGAMENTO DE POLLIO

*Da boca de pequeninos e crianças
de peito tiraste perfeito louvor.*

(MATEUS 21:16)

Num edifício não longe do palácio imperial havia um amplo salão; seu piso era de mármore polido, que se mantinha sempre brilhante, e enormes colunas de pórfiro suportavam o teto. No extremo da habitação, havia um altar com uma estátua de uma divindade pagã. E no lado oposto, os magistrados, que luzindo suas togas oficiais, ocupavam assentos relevantes. Diante deles, alguns soldados vigiando um prisioneiro.

O único prisioneiro desta vez era o menino Pollio.

A palidez de seu rosto contrastava com seu porte esguio e firme. A extraordinária inteligência, que sempre o havia caracterizado, não o abandonou nesses momentos solenes. Seus ágeis olhos captavam todos os detalhes desse cenário. Ele sabia bem a inexorável condenação, que pendia iminentemente sobre ele. E contudo, o menor traço de temor ou de indecisão passava sequer por ele.

Já sabia que o único vínculo que o unia à Terra havia partido. As primeiras horas daquela manhã saudaram-no com a notícia de que sua mãe havia sido chamada para junto de Deus, transmitida por um homem que sabia que o conhecimento desta informação o fortaleceria em sua resolução. Esse mensageiro era Marcellus. A bondade do amigo Lucullus tinha lhe garantido uma visita. Sua decisão fora correta. Enquanto sua mãe vivia, o pensar nela poderia ter debilitado sua resolução; porém agora, uma vez que ela estava livre das Catacumbas por Cristo, ele se encontrava animado do mais vivo desejo de partir também. Em sua fé simples acreditava que a morte o uniria num instante à sua bem-amada mãe. Animado desse sentimento, esperava avidamente o interrogatório.

—Quem és?

—Marcus Servillius Pollio.

—Que idade tens?

—Treze anos.

Diante da simples menção de seu nome, um murmúrio de compaixão se difundiu entre a assembleia, pois esse nome era muito conhecido em Roma.

—Se te acusam do delito de ser cristão, o que respondes?

—Excelência, não sou responsável por nenhum delito — disse o menino. —Sou cristão e me comprazo intimamente em poder confessá-lo perante os homens.

—É o mesmo que costumam dizer todos eles — disse um dos juízes. — Todos eles têm a mesma fórmula.

—Conheces qual a natureza de teu crime?

—Não cometi crime nenhum! — disse de novo Pollio. — Minha fé me ensina a temer somente o Deus vivo e honrar o Imperador. Todas as leis justas sempre as obedeci. Não sou, pois, nenhum traidor.

—Ser cristão é ser traidor.

—Cristão eu sou, porém traidor, não!

—A lei do Estado te proíbe de ser cristão, sob pena de morte. Portanto, se és cristão, deves morrer.

—Eu sou cristão — repetiu Pollio firmemente.

—Então deves morrer.

—Amém. Assim seja.

—Mas, menino, sabes o que é sofrer a morte?

—A morte? Ah! Tenho visto demasiado da morte durante os últimos meses. E sempre estive à expectativa do momento em que pudesse oferecer minha vida pelo meu Senhor ressurreto, quando meu dia chegasse.

—Menino, és muito jovem. Nós nos compadecemos por tua pouca idade e falta de experiência. Foste instruído especialmente e de forma tão peculiar, que apenas podes ser responsável dessa temerária loucura. Por todas estas considerações desejamos fazer-te concessões. Esta religião que te

cega estupidamente é uma idiotice. Acreditas que um pobre judeu, que foi crucificado duzentos anos atrás, é Deus. Existe porventura algo mais absurdo que isto? Nossa religião é a religião do Estado. Tem em si o suficiente para satisfazer as mentes dos menores e dos adultos, dos ignorantes e dos sábios. Deixa, pois, essa néscia superstição e volta à religião mais sábia e mais antiga.

—Não posso.

—És o último de uma família nobre. O Estado reconhece a dignidade e a nobreza dos Servillius. Teus antepassados desfrutaram de pompa, riqueza e poder. Agora, és um menino pobre, miserável e prisioneiro. Sejas, pois, sábio, Pollio. Pensa na glória de teus ancestrais e deixa de lado o miserável obstáculo que te está segregando de toda a ilustríssima fama deles.

—Não posso.

—Tens vivido como um miserável réprobo. O mendigo mais pobre de Roma vive muito melhor que tu. Seu alimento o obtém com menos esforços e menos humilhação. Seu refúgio está à luz e ao ar do dia. E sobretudo, ele sempre está seguro. Sua vida é dele. Não tem necessidade de viver um permanente temor da justiça de Roma. Mas tu tiveste que arrastar uma vida, a mais miserável, sempre em necessidade urgente, em perigo, nas trevas. Que, pois, te deu tua alegada religião? O que fez por ti aquele judeu endeusado? Nada; pior que nada. Volta, pois, de seguir os passos deste enganador. Em troca terás a riqueza, a comodidade, os amigos e as honras do Estado e o favor do Imperador. Tudo será teu.

—Eu não posso.

—Teu pai foi um súdito leal e um valente soldado. Ele morreu pela sua pátria no campo de batalha. Deixou-te muito pequeno, mas como o único herdeiro de todas suas honras e como último suporte de sua nobre casa. Longe estaria ele de pensar sequer nas pérfidas influências que te cercariam, descaminhando-te à perdição. Tua mãe, com sua mente debilitada pela dor, rendeu-se às insidiosas astúcias dos falsos mestres e, da mesma forma, ela, em sua ignorância, lavrou sua própria ruína. Se teu pai vivesse, serias agora a esperança de sua nobilíssima casta; tua própria mãe também teria seguido fiel à fé de seus ilustres antepassados. Não valorizas a memória de teu pai? Acaso não tens para com ele um dever filial? Não pensas que é pecado amontoar desonra sobre o glorioso nome de que deves orgulhar-te de levar, lançando sobre ele a injúria de tua traição, sendo um nome que te foi transmitido sem mácula? Deixa, pois, essas ilusões insanas que te cegam. Pela memória de teu pai, pela honra de tua família, afasta-te desse caminho que tomaste.

—De forma alguma cometerei essa desonra! Minha fé é pura e santa. Posso morrer, mas não posso trair meu Salvador.

—Estás vendo que mostramos misericórdia. Teu nobre nome, assim como tua inexperiência, nos provocam lástima. Se fosses um prisioneiro comum te ofereceríamos em poucas palavras a simples escolha entre retratar-te ou morrer. Porém, neste caso, desejamos ponderar contigo, porque não queremos que se extinga uma nobre família pela ignorância ou obstinação de um herdeiro degenerado.

—Agradeço-lhes por todas essas considerações — disse Pollio —, mas esses argumentos não significam nada para mim, ante a suprema autoridade de meu Deus.

—Moleque temerário e irreflexivo! Acaso podes encontrar um argumento mais poderoso? A ira do Imperador é terrível.

—Ainda mais terrível é a ira do Cordeiro.

—Isso que falas é uma linguagem sem inteligência. O que é isso que você chama de "ira do Cordeiro"? Por que não refletes sobre o que está agora sobre tua cabeça?

—Meus irmãos e amigos já suportaram tudo o que vós podeis infligir ao corpo. E confio que Ele me sustentará com igual fortaleza.

—Mas poderás suportar os terrores da arena?

—Espero ter mais do que a força mortal.

—Poderás enfrentar os leões e tigres selvagens, que se precipitarão contra ti?

—Aquele em quem confio não me abandona no momento em que o necessito.

—Estás muito confiante.

—Precisamente confio naquele que me amou a tal ponto que entregou-se a si mesmo por mim.

—Mas, não pensaste na morte pelo fogo? Estás pronto a enfrentar a morte nas chamas da pira?

—Ah! Se devo sofrê-la, não estremeço. No pior dela, conto com meu Deus e, depois, para sempre estarei com Ele.

—Estás possuído do fanatismo e da superstição. Não sabes o que em realidade te espera. É, pois, muito fácil fazer frente às ameaças, é fácil pronunciar palavras e alardear

coragem. Mas o que será de ti, quando te vires frente à terrível realidade?

— Pois olharei para Aquele que nunca abandona os Seus na hora da prova.

—Ele não fez nada por ti até agora!

—Ele já fez tudo por mim. Ele deu Sua própria vida para que eu viva. Por Ele tenho uma vida que é mais nobre e que é eterna, não se pode comparar com a que vós me tirais.

—Isso não é senão um sonho teu. Como é possível que um judeu miserável possa fazer isto?

—Ele é a plenitude da divindade, Deus manifesto em carne. Ele sofreu a morte do corpo para que nós recebêssemos vida para a alma.

—Mas não há nada que possa abrir teus olhos? Não te basta que até agora essa louca crença não tenha te trazido senão miséria e dor? Vais insistir nessa crença? Agora que vês que a morte é inevitável, não desejas voltar de teus erros?

—Ele mesmo me dá força para vencer a morte. Não a temo. A morte para mim não é mais que uma simples passagem desta vida de dor e de gemidos para uma bem-aventurança imortal. Ainda que eu morra devorado pelas feras selvagens ou pelas chamas, dará no mesmo. Ele me fortalecerá para que possa permanecer-lhe fiel. Ele me sustentará e levará meu espírito no mesmo instante à vida imortal dos céus. A morte, que vós temeis e com a qual me ameaçais, não tem terrores; porém a vida, essa vida à qual me convidais, tem consequências mais terríveis que mil mortes.

—Pela última vez, te damos uma oportunidade. Menino temerário, acalma-te e medita por um momento em tua néscia carreira de insensatez. Esquece por um instante dos dementes conselhos de teus fanáticos mestres. Reflete em tudo quanto te disseram. Ainda tens à tua disposição a vida, cheia de gozo e de prazer, uma vida rica em toda bênção. A honra, os amigos, a riqueza, o poder; tudo é teu. Um nome nobre e as posses de tua família estão te esperando. Tudo isso é teu por herança! Hoje para ganhares estas coisas não precisas fazer nada senão tomares este copo e derramar seu conteúdo naquele altar. Toma, filho! É o ato mais simples, o que se te pede que faças! Resolve-te e executa-o! Salva tua vida, salva-te dessa morte angustiosa!

Todos os olhos dos presentes estavam cravados em Pollio, no momento em que lhe faziam esta última oferta. Pois até aqui, os havia enchido de assombrosa admiração a firmeza com que se mantinha. Isso sobrepujava o entendimento de todos eles.

Todavia, embora esta última instância fosse tão insidiosamente tentadora, não causou o menor efeito. Pois o menino, com palidez em seu rosto mas com fogo veemente na alma, colocou de lado, com firme serenidade, o copo que lhe era proposto.

—Jamais trairei meu Salvador, que está ao meu lado!

Diante daquelas palavras se fez uma pausa momentânea. E depois se ouviu a voz do magistrado supremo da justiça romana.

—Pronunciaste a tua própria sentença mortal. Tirem-no daqui — ordenou aos soldados presentes.

13
A MORTE DE POLLIO

*Sê fiel até à morte,
e dar-te-ei a coroa da vida.*

(APOCALIPSE 2:10)

A sentença de Pollio foi sumaríssima e irrevogável. No dia seguinte, houve espetáculo no Coliseu. Lotado até os assentos do topo com a multidão de romanos sedentos de sangue humano, o evento foi uma demonstração da mesma sucessão de horrores repugnantes, descrita anteriormente.

Os gladiadores novamente lutaram e se mataram uns aos outros, individualmente e em massa. Uma variedade de formas de combate conhecidos na arena; e delas, as que maior

sofrimento infligiam obtinham maior apreço por parte dos assistentes.

Outra vez se apresentaram as cenas intermináveis de derramamento de sangue e de agonia; os ferozes campeões do dia receberam as efêmeras felicitações dos volúveis espectadores. De novo, o homem lutou contra o homem ou se livrou dos mais ferozes combates contra o tigre. Repetiu-se a cena do gladiador ferido que olhava aflito implorando misericórdia, não vendo outro sinal senão a morte, os polegares dos cruéis espectadores voltados para baixo.

Para saciar os apetites da multidão, agora se exigia uma maior e mais desalmada matança. Pois naquele dia, não havia outra atração além de olhar o combate entre homens confrontando-se. Ah! Mas já se sabia que os cristãos haviam sido reservados para fechar o espetáculo e a aparição deles se esperava e se impunha impacientemente.

Lucullus estava entre os guardas perto do assento do Imperador. Mas seu semblante, de alegre que era, havia se tornado pensativo.

Muito acima, nos assentos detrás dele, havia um rosto severo e muito pálido que se sobressaía entre todos, pelo olhar concentrado que dava à arena. Esse rosto estava tomado de uma expressão de ansiedade tão profunda, que contrastava visivelmente com todos os que se encontravam reunidos em tão vasta assembleia.

De pronto, ouviu-se o som do ronco chirriar das grades e se viu pular o primeiro tigre na arena. A fera levantou a cabeça desafiante e se acoitava com sua própria cauda, espreitando

ameaçadoramente tudo em volta, com reluzentes e ferozes olhos sobre a enorme massa de seres humanos, que enchiam o imenso anfiteatro.

Não tardou em ouvir-se um murmúrio. Um menino foi lançado na arena.

De rosto pálido e contextura ligeira, desnutrido em extremo, era nada perante a besta furiosa. E como nota de escárnio, haviam-no vestido como gladiador.

Porém, a despeito de sua tenra infância e debilidade, não havia nada em seu rosto, nem em sua atitude, que revelassem o menor sinal de medo. Mostrava domínio sobre si mesmo, em seu olhar tranquilo. Avançou serenamente até o centro da arena e ali, à vista de todos, elevou suas mãos juntas, levantou o olhar aos céus e falou com seu Deus.

Entretanto o tigre continuava ameaçador, deslocando-se como ao entrar. Vira a criança, mas não parecia ter havido efeito algum. Continuava levantando a visão de seus olhos sanguinários para as enormes muralhas e, de vez em quando, lançava selvagens rugidos.

O homem de rosto severo e triste olhava absorto, como se toda sua alma acompanhasse esse olhar.

O tigre, por sua vez, não parecia mostrar o menor desejo de atacar o menino cristão, que seguia orando.

A multidão ficou impaciente. Surgiram murmúrios e exclamações e gritos com a intenção de enfurecer a fera, para que atacasse sua vítima.

Mas agora, em meio ao tumulto, surgiu o som de uma voz profunda e terrível:

"Até quando, ó Soberano Senhor, santo e verdadeiro, não julgas, nem vingas o nosso sangue dos que habitam sobre a terra?" (APOCALIPSE 6:10).

Seguiu-se um silêncio profundo e aterrorizado. Cada um dos espectadores olhava ao que estava ao seu lado.

Mas o silêncio foi interrompido pela mesma voz, que repetiu com ênfase repreensiva:

"Eis que vem com as nuvens, e todo olho o verá, até quantos o traspassaram. E todas as tribos da terra se lamentarão sobre ele. Certamente. Amém!" (APOCALIPSE 1:7).

"Tu és justo, tu que és e que eras, o Santo, pois julgaste estas coisas; porquanto derramaram sangue de santos e de profetas" (APOCALIPSE 16:5,6).

"...são dignos disso. [...]Certamente, ó Senhor Deus, Todo-Poderoso, verdadeiros e justos são os teus juízos" (APOCALIPSE 16:6,7).

Porém, agora os murmúrios e os gritos e clamores se propagaram por toda parte. E não demorou em desaparecer a causa da perturbação.

—Era um daqueles malditos cristãos. Era o fanático Cina. Tiveram-no recluso quatro dias, sem dar-lhe alimentos. Tirem-no! Fora com ele! Joguem-no ao tigre!

Os clamores e as maldições surgiam de toda parte, tornando-se um único e enorme estrondo. O tigre pulava cada vez mais freneticamente. Os guardas ouviram as palavras da multidão e se apressaram a obedecer.

Não demoraram em abrir-se as grades e a vítima foi lançada dentro da arena. Temeroso, macilento e extremamente

pálido, avançou até o centro com passos trêmulos. Seus olhos mostravam um brilho extraordinário; suas faces ardiam enrubescidas; seu cabelo descuidado e sua longa barba estavam emaranhados numa única massa.

O tigre, ao vê-lo, se encaminhou pulando até ele. Porém, a uma curta distância, a fera embravecida se encolheu. O menino, que havia estado de joelhos, se pôs em pé e olhou para ele. Por sua vez, Cina não via tigre nenhum. Seus olhares se dirigiam à multidão e agitando para cima seu braço macilento, clamou muito alto e com os mesmos tons de admoestação:

—Ai, ai, ai dos habitantes da terra!

Sua voz foi silenciada por torrentes de sangue. Não houve senão um pulo, uma queda, e perante os olhos humanos, nada mais.

E então o tigre se encaminhou para a criança. Sua sede de sangue o excitara. Seus pelos eretos; flamejantes os olhos e açoitando-se com a cauda, mantinha-se imóvel frente à sua presa.

O menino viu chegar sua última porção na Terra e novamente se ajoelhou. O populacho ficou mudo e estático, preso por uma profunda excitação e em ansiosa espera da nova cena sanguinária. Aquele homem, que até aquele momento contemplara atentamente, agora se levantou e permaneceu em pé, ainda olhando a cena que se desenrolava embaixo. De atrás dele saíram imediatos gritos que aumentavam em número e volume:

—Abaixa-te, abaixa-te, senta-te! Não impeças a vista!

Mas o homem, ou por que não ouvia, intencionalmente, não fazia caso. Finalmente o barulho cresceu tanto que chamou a atenção dos oficiais acomodados embaixo, os quais voltaram para ver qual era a causa.

Lucullus naturalmente foi um deles. Tendo-se voltado para olhar, viu a cena toda. Deteve brevemente seu olhar e empalideceu.

—Marcellus! — exclamou. Por um momento quase caiu para trás, mas não tardou em recuperar-se e dirigindo-se apressadamente à cena do tumulto.

Mas agora tinha estourado um murmúrio profundo entre o público. O tigre, que havia permanecido passeando em volta do menino uma e outra vez, açoitando-se a si mesmo com crescente fúria, agora estava agachado, preparado para dar o golpe final.

O menino se levantou. Em seu rosto resplandecia uma expressão angelical. Seus olhos revelavam um brilho de sublime entusiasmo. Ele já não via esta arena, nem as muralhas gigantescas que o rodeavam, nem também as longas fileiras de assentos e as inúmeras caras hostis. Já não via os implacáveis olhos dos cruéis espectadores, nem sequer a forma imensa do selvagem inimigo.

Seu espírito já parecia ingressar vitorioso pelas portas de ouro da Nova Jerusalém e a glória inefável do pleno dia dos Céus inundou-lhe o rosto em seus fulgores.

—Mãe, vou contigo! Senhor Jesus, recebe meu espírito!

Essas palavras soaram com toda nitidez e claridade aos ouvidos daquela multidão. Todos permaneceram em

quietude sepulcral e o tigre pulou. Nos momentos seguintes não houve mais que uma massa que se movia semiencoberta por uma nuvem de pó.

A luta terminou. O tigre voltou; a arena havia sido tingida de vermelho e sobre ela jaziam os despojos mutilados do leal e nobre Pollio.

Uma vez ao amparo do silêncio que se seguiu, deixou-se ouvir um clamor que tinha toda a intensidade de uma trombeta e que espantou a cada um dos presentes:

—"Onde está, ó morte, a tua vitória? Onde está, ó morte, o teu aguilhão? Graças a Deus, que nos dá a vitória por intermédio de nosso Senhor Jesus Cristo" (1 CORÍNTIOS 15:55,57).

Mil homens se levantaram de uma só vez com movimentos de ira e indignação. Mil mãos se levantaram indicando o atrevido intruso.

—Um cristão! Um cristão! Às chamas com ele! Lançai-o aos tigres! Lançai-o à arena!

Com tais uivos todo o povo contestou, emitindo voz de advertência.

Lucullus se fez presente no lugar, no momento preciso para resgatar a Marcellus da turba enfurecida de romanos, que se apressavam a despedaçá-lo. Dir-se-ia que o tigre selvagem, presente na arena, não estava tão enfurecido e sedento de sangue como eles. Lucullus se precipitou impetuosamente entre todos, qual guarda de feras selvagens.

Atemorizados pela sua autoridade, recuaram, tendo sido cercados por soldados.

Lucullus não pôde fazer mais que entregar-lhes a Marcellus e conduziu a companhia fora do anfiteatro.

Uma vez fora, encarregou-se, ele mesmo, do prisioneiro.

Os soldados os seguiram a distância.

—Ai, Marcellus, Marcellus! Não é uma loucura que exponhas assim tua vida?

—Eu falei num impulso do momento. Pois aquele menino a quem eu tanto amava morria assim perante meus olhos! Não pude conter meu próprio ímpeto! Disso me comprazo e estou muito longe de me arrepender! Pois também estou pronto a oferecer minha vida por meu Rei e meu Deus!

—Eu não posso entrar em razões contigo. Teus atos ultrapassam todo argumento e entendimento!

—Não foi minha intenção entregar-me, mas o que fiz, e como fui inspirado a fazê-lo, satisfaz-me intimamente. Sim, vou com prazer seguindo o caminho traçado pelo meu Redentor, de quem é minha vida, quer eu sobreviva ou a ofereça aqui.

—Ai, querido amigo! Não consideras tua vida?

—Eu amo meu Salvador mais que a minha vida!

—Olha, Marcellus, o conhecimento está aberto perante ti. Foge velozmente. Corre e salva tua vida.

Lucullus disse-lhe isto apressadamente em voz baixa, abrindo-lhe espaço, enquanto os homens estavam uns vinte passos atrás. Havia oportunidade de escapar.

Marcellus pressionou a mão do amigo.

—Não, Lucullus, longe de mim seja salvar minha vida com tua desonra. Reconheço e amo esse grande coração que

tudo supera pelo amigo, mas não vou te criar dificuldades pela minha amizade.

Lucullus suspirou e seguiu em silenciosa reflexão.

14

A TENTAÇÃO

*Tudo isto te darei se,
prostrado, me adorares.*

(MATEUS 4:9)

Aquela noite, Lucullus permaneceu na cela com seu amigo. Buscou todos os argumentos possíveis para dissuadi-lo de sua resolução. Apelou a todos os motivos que comumente influenciam os homens. Não houve um único meio de persuasão que ele não empregasse. Todos foram em vão. A fé que Marcellus professava estava firmemente apoiada, pois se fundamentava na Rocha dos Séculos, e nem a tormenta das violentas ameaças, nem as mais tenras influências da amizade enfraqueceriam minimamente sua consciente determinação.

—Não — disse ele —, meu roteiro está traçado e eu o escolhi. Seja dor ou alegria o que me toque na Terra, seguirei até o fim. Sei bem o que me espera. Avaliei todas as consequências de minhas ações e, a despeito de tudo, seguirei como decidi.

—O que te peço é a coisa mais simples — disse Lucullus. — Não desejo que deixes tua religião para sempre, mas somente por enquanto. Desencadeou-se uma enfurecida perseguição e diante de tão terrível fúria todos devem cair, sejam jovens ou velhos, nobres ou escravos. Bem viste que não se respeita classe nem idade. Pollio poderia ter sido salvo, se tivesse sido possível, pois havia uma grande simpatia em seu favor. Era somente uma criança, apenas responsável de seus próprios atos errados; ele também era nobre, o último de uma antiga família. Mas a lei foi inexorável e ele sofreu sua punição. Cina também poderia ter sido passado por alto. Ele era, nada mais nada menos, que um maluco. Porém, tão veemente é o zelo contra os cristãos, que nem sequer sua evidente insânia o pôde salvar.

—Bem sei que o príncipe das trevas luta contra o povo de Deus, o qual está alicerçado sobre a Rocha, e as portas do inferno não podem prevalecer contra ele. Acaso não tenho visto sofrer igualmente os bons, os puros, os santos e os inocentes? Acaso não sei que há uma guerra sem misericórdia contra os cristãos? Eu sabia muito bem tudo isso antes de me converter. E sempre estive preparado para enfrentar as consequências, desde que conheci pessoalmente a Jesus, o Cristo, como meu Senhor e Salvador.

—Escuta, querido Marcellus. Disse-te que te pedia só uma coisa simplicíssima. Pois esta religião que tanto aprecias, não é necessário que a abandones. Conserva-a, se assim deve ser. Mas adapta-te às circunstâncias. Já que a tormenta está agravando-se, é inteligente inclinar-se e deixá-la passar. Toma uma atitude de homem sábio, e não de lunático.

—O que queres que eu faça?

—Quero que ouças o seguinte: dentro de uns poucos anos acontecerá uma grande mudança; ou a perseguição se desvanecerá, ou se gerará uma reação, ou o Imperador poderá morrer e outros governantes de diferentes sentimentos o sucederão. Então será seguro ser um cristão. Nesse momento, toda esta gente que hoje é afligida poderá voltar de seus esconderijos e ocupar seus antigos lugares e restaurar a dignidade e a riqueza. Tem presente, pois, tudo isto. E portanto, não jogues assim infrutiferamente tua vida que ainda pode ser de serviço para o Estado e de felicidade para ti. Por ti mesmo, cuida-a e preserva-a. Pense em ti agora. Considera todas estas coisas. Deixa de lado tua religião por um breve tempo e retorna para a religião do Estado. Assim poderás escapar do perigo presente e quando voltarem tempos mais felizes, poderás voltar a ser cristão em paz.

—Lucullus, isso é impossível. É abominável à minha alma. Poderia acaso ser eu um nobre hipócrita? Se compreendesses o que em mim tem se realizado, não me pedirias, nem por um momento, que perjure minha alma imortal, perante o mundo e perante meu Deus. É muito melhor morrer

imediatamente pelas mais severas torturas, que ao corpo possam inferir-lhe.

—Tu assumes posições tão extremas que me fazes desesperar de tua vida e da esperança de salvar-te. Não queres parar para contemplar este assunto racionalmente? Não é questão de se fazer perjuro, senão uma tática. Não é hipocrisia, mas sabedoria.

—Deus, não permita que eu faça isto, de pecar contra Ele.

—Atenta para isto. Não não somente tu serás beneficiado, senão muitos mais. Estes cristãos a quem amas, dessa forma serão ajudados por ti muito mais eficazmente que agora. Em tua situação atual, sabes muito bem, que não podem viver, como antes, da simpatia e da ajuda daqueles que professam a religião do Estado, mas, que em segredo, preferem a religião dos cristãos. Acaso vais chamar de hipócritas e perjuros a esses homens? Não são eles, ao contrário, seus benfeitores e amigos?

—Estes seres jamais conheceram a verdadeira fé e a esperança cristã que tenho. Eles nunca conheceram o novo nascimento, a nova natureza divina, a presença do Espírito Santo morando em seus corações, a comunhão com o Filho do Deus vivente, como o experimentei. Eles não conheceram o amor de Deus, que brota em seus corações para dar-lhes novos sentimentos, esperanças e desejos. Para eles, simplesmente simpatizar com os cristãos e ajudá-los é uma coisa boa. Porém, para o *cristão*, suficientemente vil para abjurar de sua fé e negar o Salvador, que o redimiu, nunca haverá

suficiente generosidade no coração e em sua alma de traidor para ajudar seus irmãos abandonados.

—Então, Marcellus, não me resta senão uma última oferta, e depois irei embora. É minha última esperança. Não sei se será possível ou não. Porém, tentarei, se somente pudesse conseguir que desses teu consentimento. Trata-se do seguinte: não precisas abjurar de tua fé; não precisas oferecer sacrifícios aos deuses, nem precisas fazer a menor coisa que desaproves. Desejamos que se esqueça do passado. Volta outra vez — não de coração, logicamente, mas de aparência — ao que eras antes. Tu eras um alegre e festivo soldado dedicado ao cumprimento de seu dever. Nunca tomaste parte em qualquer cerimônia religiosa. Raramente estiveste presente nos templos. Tu passavas o tempo no quartel e tuas devoções eram de caráter privado. Recolhias sabedoria dos livros escritos por filósofos e não por sacerdotes. Faze tudo isso novamente. Simplesmente, volta a teus deveres.

—Apresenta-te em público juntamente comigo; novamente voltemos às nossas amigáveis conversas e dedica-te a teus antigos objetivos na vida. Isso será muito fácil e agradável de fazer e não requer nada que seja ruim e desagradável. As altas autoridades passarão por alto tua ausência e teu mau proceder e, se desejarem que voltes a ocupar tuas anteriores honras, assim podes ser colocado novamente no comando de tua legião. Tudo irá bem. Um pouco de discrição será necessário, um sensato silêncio, uma aparente volta a teu antigo turno de deveres. No caso de permaneceres em Roma, se pensará que as notícias de tua conversão ao

cristianismo eram erradas e se vais para o exterior, não se saberá de mais nada.

—Não, Lucullus; ainda que eu consentisse no plano que me propões, não seria factível, por muitas razões. Foram feitas proclamas contra mim; foram oferecidas recompensas pela minha apreensão; e, sobretudo, minha última aparição no Coliseu perante o próprio Imperador foi suficiente para descartar toda esperança de perdão. Mas não posso consentir. Meu Salvador não pode ser adorado desta forma. Seus seguidores devem confessá-lo abertamente. Ele diz: "Todo aquele que me confessar diante dos homens, também o Filho do Homem o confessará diante dos anjos de Deus" (LUCAS 12:8; MATEUS 10:32). Pois negá-lo em minha vida ou em meus atos é exatamente o mesmo que negá-lo na maneira formal que prescreve a lei. Isso não posso fazê-lo. Aquele que me amou primeiro, eu o amo, porque Ele, quando me amou, colocou Sua vida em meu lugar. Meu mais sublime gozo é proclamá-lo perante os homens; morrer por Ele será o ato mais nobre que eu posso fazer e a coroa de mártir será minha recompensa mais gloriosa.

Lucullus nada mais disse, tendo-se convencido de que toda persuasão era inútil. O resto do tempo passaram conversando sobre outras coisas. Marcellus não desperdiçou estes últimos momentos preciosos, que passou com seu amigo. Expressando-lhe a mais profunda gratidão por seu nobre e generoso afeto, procurou compensá-lo, explicando-lhe e familiarizando-o com o mais elevado tesouro que o homem pode dispor: a fé em Cristo Jesus.

Lucullus o ouvia pacientemente, mais por amizade que por interesse. Contudo, pelo menos algumas das palavras de Marcellus ficaram indelevelmente impressas em sua memória.

No dia seguinte, realizou-se o julgamento correspondente. Foi sumário e formal. Marcellus se mostrou impassível e recebeu sua condenação calmamente. À tarde daquele mesmo dia era a hora reservada para seus sofrimentos. A ele não seria concedido morrer devorado pelas feras selvagens, nem por mãos de gladiadores, senão por meio de tormentos mais refinados, os do fogo.

Foi, pois, na pira, onde tantos cristãos haviam dado já seu testemunho da verdade, que Marcellus também confirmou sua fé rendendo sua vida. A pira foi colocada bem no centro do Coliseu, tendo-a rodeado de enormes feixes de combustível com especial prodigalidade.

Marcellus ingressou conduzido por guardas selecionados quanto à sua maior crueldade, os quais lhe davam socos e o ridicularizavam com antecipação aos horrores da pena final. Ao dirigir seu olhar resoluto e sereno em volta do vasto círculo de rostos de homens e mulheres, cada qual mais duro, cruel e impiedoso, contemplou satisfeito essa arena onde milhares de cristãos o haviam precedido na partida instantânea para reunir-se às gloriosas hostes de mártires, que para sempre adorarão em volta do Trono. Sua mente se voltava para aquelas crianças, cujo sacrifício ele havia presenciado ainda desde as trevas, revivendo nele agora o hino triunfal com que haviam desfilado:

Ao que nos amou,
E nos lavou de nossos pecados com Seu sangue.

Chegou o momento em que os guardas o trataram com rudeza, a qual ele não podia resistir-lhes e o conduziram à pira, onde o amarraram com fortes correntes. Escapar era impossível. Antes o ouviram sussurrar:

—"Estou pronto para ser oferecido [...] e o momento de minha partida é chegado [...] me está guardada a coroa de justiça, a qual o Senhor, justo juiz, me dará hoje" (2 TIMÓTEO 4:6,8)

Aplicaram a tocha que produziam enormes labaredas, e densas nuvens de fumaça ocultavam o mártir momentaneamente. Ao aclararem, foi visto erguido em meio do fogo, elevados o rosto e as mãos ao céu.

As chamas se intensificavam e cresciam em volta dele. Mais e mais se aproximavam e flamas devoradoras o envolviam em círculos de fogo. Imediatamente atiraram sobre ele um véu de fumaça preta, que depois desapareceu diante do açoite poderoso das línguas de fogo.

Porém o mártir permanecia em pé, sofrendo com calma e serenidade a pavorosa agonia, como aferrado a seu Salvador. Ele estava lá, apesar de não o verem; Seus braços eternos envolviam Seu fiel seguidor, e o Seu Espírito o inspirava.

As chamas já não somente cresciam e se aproximavam do mártir, mas ele mesmo se convertera em chamas. A vida foi violentamente atacada até ser arrebatada e as asas do espírito se dispuseram a transladá-la fora da dor e da morte, para o paraíso do descanso.

A vítima finalmente se sobressaltou, convulsionada, como se a traspassasse irresistivelmente uma dor mais aguda, a qual por último controlou. No entanto, ele venceu sua dor com um violento esforço. Levantou os braços e os agitou debilmente. Logo, em derradeiro esforço, lançou um agônico clamor com voz clara para o ouvido de todos:

—Vitória!

Com o grito, a vida também parecia partir, pois ele caiu para a frente inflamado em chamas; e o espírito de Marcellus "estava constrangido, tendo o desejo de partir e estar com Cristo, o que é incomparavelmente melhor" (FILIPENSES 1:23).

15

LUCULLUS

A memória do justo é abençoada.

(PROVÉRBIOS 10:7)

Um espectador houve naquela cena de tortura e de morte, cujo rosto, que experimentava a mais profunda agonia, sempre esteve fixo em Marcellus, cujos olhos viram cada um dos atos e expressões da vítima e cujos ouvidos recolheram cada palavra. Longo tempo depois, quando todos haviam partido, ele permanecia imóvel, o único ser humano no enorme círculo de assentos vazios. Finalmente, levantou para partir.

Longe estava dele a elasticidade característica de seus passos. Deslocava-se cabisbaixo e fraquíssimo; seu olhar de abstração e da dor de que ele todo estava embargado o faziam parecer como alguém que tivesse sido repentinamente vítima de uma doença. Fez acenos a alguns dos guardas, que lhe abriram os portais que conduziam para a arena.

—Trazei-me para cá uma urna cinerária — disse ao pessoal que se achava nas imediações, ao mesmo tempo que se encaminhava até as brasas que já se haviam extinguido.

Uns quantos fragmentos de ossos carbonizados e feitos pó pela violência das chamas, era tudo quanto restava do corpo de Marcellus.

Tomando silenciosamente a urna que lhe alcançou um dos guardas admirado, Lucullus começou a reunir todos os fragmentos humanos e o pó que pôde achar, e o levou embora.

No momento em que estava saindo, aproximou-se dele um ancião, diante do qual se deteve mecanicamente.

—O que desejas pedir-me? — disse-lhe cortesmente.

—Meu nome é Honorius. Sou um dos anciãos dos cristãos. Um amigo nosso muito querido foi sacrificado neste lugar esta noite e acredito que se me permitirá recolher suas cinzas.

Lucullus lhe respondeu com afabilidade:

—Ainda bem que te dirigistes a mim, venerável mestre. Se um outro tivesse descoberto teu nome, terias sido capturado imediatamente, porque está se oferecendo um resgate por ti. Mas não posso te conceder o pedido que me fazes. Marcellus morreu e suas escassas cinzas estão nesta urna. Serão depositadas num túmulo no mausoléu de minha família, com todas

as cerimônias de honra, porque ele foi meu mais querido amigo e sua perda faz desta terra um deserto para mim, e do resto de minha vida a carga mais penosa.

Honorius balbuciou com profundo entusiasmo:

—Compreendo que não podes ser outro senão Lucullus, de quem sempre ouvi falar com palavras de afeto.

—Sou eu. Jamais houve dois amigos mais leais que nós dois. Se tivesse sido possível, eu teria evitado o sacrifício. Jamais teria sido detido, se ele mesmo não se tivesse lançado nas mãos da lei, como o fez. Ó, destino inescrutável! Precisamente quando eu havia tomado todas as disposições para que jamais pudesse ser capturado, mas ele veio perante o próprio Imperador e assim fui obrigado a conduzir com minhas próprias mãos o ser que eu amava à prisão e à morte.

—O que para ti é perda, para ele é o ganho mais inco-mensurável (FILIPENSES 3:7), pois ingressou no reino de felici-dade imortal.

Lucullus exclamou profundamente:

—Sua morte foi todo um triunfo. Já observei, ante-riormente, a morte de muitos cristãos, mas nunca fiquei tão impressionado por sua esperança e confiança. Marcellus enfrentou a morte como se essa fosse a bênção mais feliz.

—Assim foi quanto a ele, como também o foi a muitíssimos outros, cujos despojos jazem no infausto confinamento onde estamos obrigados a morar. A eles quero fazer chegar as cinzas de Marcellus. Não poderias dispor-te a dividi-las conosco?

—Venerável Honorius, eu havia abrigado a esperança, desde que meu amado amigo me deixou, que pelo menos

teria o prazer de pranteá-lo e de conceder a seus despojos as últimas honras piedosas e de derramar meu pranto sobre seu túmulo.

—Mas, ó nobre Lucullus, não teria preferido teu amigo que lhe fosse dada sepultura com as cerimônias simples de sua nova fé e um lugar de repouso juntamente com os outros mártires, com cujos nomes está ele relacionado para sempre?

Lucullus foi tomado por um profundo silêncio e após ter pensado por algum tempo, finalmente disse:

—Não cabe a menor dúvida quanto aos desejos dele. Rendo-me diante deles e me privo da honra de oferecer-lhe os ritos funerários. Leva-o, Honorius. Porém, permita-me assistir a cerimônia de sepultamento. Tu permitirias que um soldado, a quem conheces somente como teu inimigo, ingresse nesse teu refúgio e presencie teus atos?

—Diante de ti nossas portas e corações se abrem no mais cordial recebimento, ó nobre Lucullus, como o foi com Marcellus antes de ti, e talvez receberás entre nós a mesma bênção que foi concedida a ele.

— Não alimentes uma tal esperança — disse Lucullus. — Sou muito diferente de Marcellus em gostos e em sentimentos. Eu poderia aprender a sentir benevolência e ainda admirar-vos, mas jamais poderia unir-me a vós.

—Vem conosco, como seja, e presencia os serviços funerários de teu amigo. Um mensageiro virá até ti amanhã.

Lucullus fez um sinal de assentimento e depois de entregar a preciosa urna aos cuidados de Honorius, encaminhou-se tristemente para sua própria casa.

No dia seguinte, em companhia de um mensageiro, dirigiu-se às Catacumbas. Ali se encontrou com a comunidade dos cristãos e contemplou este lugar em que moravam, o qual já lhe havia sido referido precisamente por seu amigo, o que lhe permitiu ter uma ideia prévia de sua vida, seus sofrimentos e aflições.

De novo as vozes dolentes e lamentações encheram as tenebrosas abóbadas e ecoaram por todos os intermináveis corredores, por outro irmão cujo pó se entregava ao pó do túmulo; no entanto, *o mesmo pesar que falava da dor mortal foi substituído por uma sublime e inspirada certeza, que expressava a fé da alma aspirante e uma esperança plena de imortalidade.*

Honorius tomou em suas mãos o precioso rolo, as palavras de vida cujas promessas eram tão poderosas que os sustentavam em meio às mais pesadas cargas e aflições. Em tom solene leu aquela parte de 1 Coríntios, que em todas as épocas e em todos as regiões tem sido tão preciosa ao coração que olha para além do âmbito do tempo em procura de consolo na perspectiva da ressurreição.

Seguidamente, levantou sua cabeça e em tons fervorosos ofereceu uma oração ao Deus único e santo nos Céus, em nome de Jesus Cristo, o divino Mediador, por quem a morte e a sepultura foram vencidas e a vida eterna assegurada.

O rosto pálido e triste de Lucullus era particularmente visível entre os dolentes. Embora ele não fosse cristão, admirava tais doutrinas gloriosas e escutava com reverência essas exaltadas esperanças. A ele foi concedido colocar as amadas

cinzas dentro do lugar de repouso final. Foram seu os últimos olhares que pousaram naqueles despojos amados. Suas foram as mãos que colocaram em seu lugar a pedra que havia de gravar-se o nome e o epitáfio de Marcellus.

Lucullus voltou para sua casa, mas era um homem novo. Sua euforia pessoal parecia ter sido subjugada sob as severas aflições, que sofrera.

Havia falado a verdade quando dissera que não era cristão. E embora a morte de seu amigo lhe houvesse embargado o coração de tristeza, *não havia nele dor pelo pecado, nem arrependimento, nem desejo de conhecer o verdadeiro Deus vivente*. Era incapaz de apreciar os prazeres no mundo, mas não havia conseguido nenhuma outra fonte de felicidade.

Porém, a memória de seu amigo teve a virtude de produzir uma profunda simpatia pelo pobre povo oprimido com quem Marcellus havia se confraternizado. Admirava sem compreender suas perseveranças e se compadecia por seus imerecidos sofrimentos. Tinha consciência de que toda a virtude e bondade que pudessem restar em todo o império romano estavam em posse destes pobres excluídos.

Foram esses sentimentos que o levaram a prestar-lhes ajuda. Ofereceu-lhes a amizade e as promessas de auxílio, que uma vez prometera a Marcellus. Seus soldados não capturaram nenhum outro cristão ou, se o faziam, sempre se ouviria posteriormente que o prisioneiro escapara de algum modo inevitável. Sua alta posição, sua vasta riqueza, sua ilimitada influência, tudo estava a serviço dos cristãos. Seu palácio chegou a ser bem conhecido deles como seu mais seguro refúgio

e lugar de ajuda, e seu nome gozava da honra de ser o mais poderoso de seus amigos humanos.

Mas todas as coisas chegam a seu fim e assim também os sofrimentos dos cristãos e a amizade de Lucullus chegaram a seu término. Aproximadamente um ano após a morte de Marcellus, o severo Imperador Décio foi destronado e um outro assumiu o poder imperial. A perseguição cessou. A paz voltou às assembleias dos cristãos e eles saíram das Catacumbas para viverem felizes na saudável luz do dia. De novo podiam ouvir dos seres humanos os louvores ao Deus e Redentor deles, que reiniciaram sua interminável luta contra as hostes do mal.

Passaram-se os anos e Lucullus não experimentou mudança alguma. Quando Honorius saiu das Catacumbas, foi levado por Lucullus a seu próprio palácio e morou sob seu amparo pelo resto de seus dias na Terra. Ele se esforçou por pagar a dívida de gratidão a seu nobre benfeitor, fazendo-lhe conhecer toda a Verdade. Porém, morreu sem ter podido desfrutar da alegria pela qual tanto havia orado.

No final, a bênção chegou, mas após tantos anos terem transcorrido. Quando Lucullus se aproximava dos limites da velhice, ele ouviu a voz do Salvador. Longos anos haviam se passado, desde que o mundo perdera seus encantos. As riquezas, a honra, o poder já não o satisfaziam em absoluto. Sua vida deslizava sob uma sombra de tristeza, que ninguém podia curar. No entanto, o Espírito do Deus vivo apossou-se dele e, graças a Seu divino poder, pôde por fim regozijar-se no amor daquele Salvador cuja obra sobre o

coração humano havia presenciado tantas e tão contundentes provas.

Longos séculos transcorreram sobre a cidade dos Césares, desde que a perseguição de Décio lançou os humildes seguidores de Jesus nas lúgubres Catacumbas. Tomemos a Via Ápia e vejamos o que nos ensina.

Diante de nós se estende a longa fileira de tumbas até a antiga cidade. Aqui os poderosos dessa Roma acharam um lugar de repouso, e até ali levaram as pomposas mostras de quanto podem a riqueza, a glória do mundo e o poder. Embaixo de nós estão ocultos os rudes túmulos daqueles que em vida foram reprovados como indignos de respirar o ar livre sob o Sol do céu.

Observai a mudança! À nossa volta estão aqueles túmulos senhoriais todos em ruínas, sua santidade profanada, suas portas derrubadas e seu pó levado pelo vento. Os nomes daqueles que ali foram sepultados ninguém lembra; o império que fundaram caiu, as legiões que os conduziram a mil conquistas dormiram o sono do qual não despertarão, até a segunda ressurreição.

Mas a memória dos perseguidos que jazem embaixo, a assembleia de Deus na Terra contempla com respeito. Seus sepulcros foram convertidos em santuários de peregrinação; e essa obra na qual desempenharam um papel tão nobre, foi transmitida a nós para que a continuemos até que Jesus volte.

Humilhados, desprezados, proscritos, afligidos, a fama se negou a assentar seus nomes nos pergaminhos da história. Contudo, e isto pelo menos sabemos bem, seus nomes estão

escritos no Livro da Vida e sua eterna comunhão será com aqueles de quem está escrito:

São estes os que vêm da grande tribulação, lavaram suas vestiduras e as alvejaram no sangue do Cordeiro, razão por que se acham diante do trono de Deus e o servem de dia e de noite no seu santuário; e aquele que se assenta no trono estenderá sobre eles o seu tabernáculo. Jamais terão fome, nunca mais terão sede, não cairá sobre eles o sol, nem ardor algum, pois o Cordeiro que se encontra no meio do trono os apascentará e os guiará para as fontes da água da vida. E Deus lhes enxugará dos olhos toda lágrima (APOCALIPSE 7:14-17).